高等教育艺术设计专业"十四五"校企合作融媒体系列教材

U0745563

立体构成

主编　任婧媛　张泽开　吴学云

华中科技大学出版社
http://press.hust.edu.cn
中国·武汉

内 容 简 介

　　本教材系统介绍了立体构成理论与实践,旨在为设计专业的学生提供全面的指导。本教材深入探讨了立体构成的起源、核心概念及其在现代设计中的应用,通过丰富的案例分析,展示了立体构成在工业设计、建筑设计、服装设计等多个领域的实际应用。书中详细讲解了材质特性、加工技术以及现代技术,如计算机辅助设计、三维建模技术和虚拟现实技术在立体构成中的创新应用。此外,书中还提供了实战练习,帮助学生将理论知识转化为实际操作能力,培养其创新思维和实践技能。无论是对立体构成的初学者还是有一定基础的设计从业者,本教材都是一部极具参考价值的专业读物。

图书在版编目(CIP)数据

立体构成 / 任婧媛,张泽开,吴学云主编 . -- 武汉 : 华中科技大学出版社,2025.5.
ISBN 978-7-5772-1807-6

Ⅰ . J06

中国国家版本馆 CIP 数据核字第 2025UF0099 号

立体构成
Liti Goucheng

任婧媛　张泽开　吴学云　主编

策划编辑:江　畅
责任编辑:王炳伦
封面设计:孢　子
责任监印:朱　玢
出版发行:华中科技大学出版社(中国·武汉)　　　电话:(027)81321913
　　　　　武汉市东湖新技术开发区华工科技园　　　邮编:430223
录　　排:武汉创易图文工作室
印　　刷:武汉科源印刷设计有限公司
开　　本:889 mm × 1194 mm 1/16
印　　张:7
字　　数:205 千字
版　　次:2025 年 5 月第 1 版第 1 次印刷
定　　价:59.00 元

在当代高等教育中,美术与设计教育肩负着培养创新思维与实践能力的使命,本书在此背景下诞生,旨在为美术与设计专业的学生提供理论指导与实践参考。立体构成作为设计教育的基石,其重要性不仅在于对形态美的追求,更在于对空间、材料、结构的理解与探索。立体构成是一门将创意与实践相结合的学科,用于培养设计师的造型能力、想象能力和构成能力。本书将立体构成的原理与现代设计实践结合,致力于培养学生的造型感觉和构成能力。

本书内容涵盖立体构成的沿革、概念、基本原理、材料训练及作品欣赏,力求为读者呈现多元的知识结构。通过对立体构成的起源、发展、核心概念及其在现代设计中的地位进行探讨,读者可以更好地理解立体构成的理论与实践。

在材料选择与应用上,本书关注传统材料的创新使用,也探索新型材料的美学价值与实用功能。现代材料的出现为立体构成提供了更多创作可能性,设计师需要掌握这些新材料的特性,以便在设计中有效应用。

立体构成的学习是一个不断发现、试验和创造的过程,要求设计师具备扎实的理论基础和丰富的想象力。它在包装设计、展示设计、室内设计、服装设计、工业设计及建筑设计等领域发挥着重要作用。本书鼓励学生勇于创新,探索立体构成的新境界。

技术的发展为立体构成带来了新的机遇与挑战。计算机辅助设计、三维建模技术及虚拟现实技术的应用,拓展了立体构成的创作空间。本书对此进行了探讨,旨在引导读者把握技术发展的脉搏,提升设计实践能力。立体构成的学习与实践,不仅是对设计技能的提升,更是对审美能力和创新思维的培养。设计师通过对立体构成进行研究,探索新的设计理念与方法。随着设计领域的扩展和科技的进步,立体构成将在设计实践中继续发挥其独特的价值。

本书对设计教育内容与方法进行了反思与创新尝试,注重理论与实践的结合,力求将抽象的设计理念转化为具体的设计方法。书中包含丰富的理论知识和实践案例,以帮助学生理解和掌握立体构成的技巧。

在艺术与设计的世界里,立体构成不仅是一种技巧,更是一种思考方式。它要求设计师具备敏锐的观察力、丰富的想象力和严谨的逻辑思维能力。本书旨在帮助学生培养这些能力,使他们在未来的设计与创作中,更好地表达自己的创意和理念。

目录
Contents

Liti Goucheng

第一章
立体构成的理论与实践

立体构成作为现代设计语言的重要组成部分,不仅是艺术与设计学科的桥梁,更是创新思维与实践能力的体现。立体构成的起源可以追溯到 20 世纪初的艺术运动,尤其受包豪斯学派的影响。包豪斯学派强调设计与艺术的结合,倡导通过对形态、空间和材料的研究,培养学生的创造性思维和设计能力。这一理念为立体构成的发展奠定了基础,使其逐渐成为设计教育的重要组成部分。

立体构成包括点、线、面、体等基础元素,以及它们在三维空间中的组合。通过对这些元素的深入理解和巧妙运用,设计师能够创造出既符合功能需求又具有审美价值的立体形态。立体构成不仅关注形态的视觉效果和空间关系,还强调形式美与功能美的统一。这种综合性使得立体构成在现代设计中占据重要地位。

在现代设计领域,立体构成被视为用于培养设计师对形态、空间和材料敏感度的重要手段。设计师通过对立体构成的学习,掌握如何在三维空间中运用基础元素,创造出具有创新性和实用性的设计作品。立体构成还涉及材料特性、加工技术和视觉心理等方面的内容。不同材料的质地和肌理会产生不同的视觉效果和心理感受,设计师需要根据设计意图选择合适的材料。现代加工技术(如激光切割、3D 打印等)为立体构成的实现提供了技术支持,使得复杂的形态和细节得以实现。

总之,立体构成作为现代设计语言的重要组成部分,不仅是艺术与设计学科的桥梁,更是创新思维与实践能力的体现。通过对立体构成的起源、发展、核心概念及其在现代设计中的地位进行深入探讨,读者可以更好地理解立体构成的理论与实践,为未来的设计创新打下坚实的基础。

第一节　立体构成导论

立体构成的实际应用范围广泛,涵盖建筑设计、室内设计、工业设计等多个领域。在建筑设计中,立体构成帮助设计师理解和运用空间关系,创造出具有创新性和实用性的建筑形态。在室内设计中,立体构成通过家具的布置、墙面的装饰、灯光的设计等,营造出舒适又富有个性的空间氛围。在工业设计中,立体构成通过对产品形态的研究,提升产品的功能性和美观性。随着科技的发展,立体构成的材料和技术不断更新。现代材料(如光学、声学、电学、化学等领域的新兴材料)的出现,为立体构成提供了更多的创作可能性。设计师需要不断学习和掌握这些新材料的特性,以便在设计中有效应用。

立体构成不仅是一门技术性学科,更是一种艺术表达的形式。它要求设计师具备扎实的理论基础和技术能力,同时也需要敏锐的艺术感知能力和创造力。通过对立体构成的深入研究和实践,设计师能够在三维空间中自由表达创意,创造出既满足功能需求又具有审美价值的设计作品。总之,本书将引导读者初步了解立体构成的学术背景和实际应用情况。通过对立体构成起源与发展的探索,读者可以洞察这一学科如何从早期的现代艺术运动中逐渐演化成为设计教育的重要组成部分。立体构成的学习不仅提升了设计师的造型能力和构成能力,也为他们在现代设计领域的创新提供了广阔的空间。

一、起源与发展

1. 立体构成的历史根源与构成主义的关系

立体构成作为一种艺术形式,其起源于20世纪初的艺术运动,特别是与俄国和荷兰的构成主义运动有着深厚的渊源。构成主义这一艺术思潮促使艺术家们通过几何形态和抽象形式重新定义艺术表现的界限。构成主义不仅是一种艺术风格,更是一场旨在通过几何形状和抽象形式来解决视觉表现问题的运动。它强调形式与空间的几何关系,摒弃对传统写实主义和感性经验的依赖,追求一种新的视觉语言。

在俄国,构成主义的兴起与弗拉基米尔·塔特林(Vladimir Tatlin)(见图1-1)和亚历山大·罗德琴科(Alexander Rodchenko)(见图1-2)等艺术家的努力密不可分。塔特林的《第三国际纪念塔》(见图1-3)以一种构成主义的精神展示了动态几何形式在三维空间中的表现力。该作品不仅是对空间的探索,更是对材料和结构的大胆尝试。塔特林使用了工业材料,象征着未来主义的梦幻,是构成主义对现代技术的拥抱。其作品的设计理念在于通过几何形态的组合,创造出一种新的空间体验,刷新观众的视觉感知。罗德琴科则通过其雕塑作品,将几何图形和实用材料结合起来,创造出新的视觉体验。他的作品不仅关注形式的美感,更强调功能性与实用性的结合。罗德琴科的设计理念在于通过简化形态,去除多余的装饰,突出材料本身的特性。这种对材料的重视使得他的作品在视觉上既简洁又富有力量,展现了构成主义的核心思想。

图1-1　弗拉基米尔·塔特林

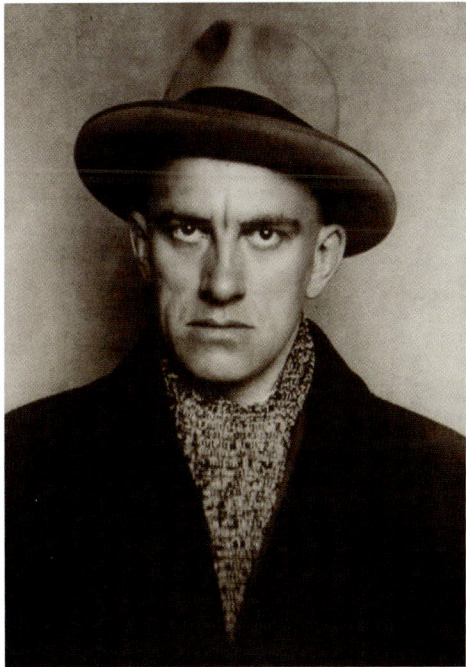

图1-2　亚历山大·罗德琴科

与此同时,在荷兰,风格派艺术家如皮特·蒙德里安(Piet Mondrian)(见图1-4)和特奥·凡·杜斯伯格(Theo van Doesburg)(见图1-5)通过绘画和设计作品,推动了构成主义的发展。他们在色块和线条的极简组合中,探索艺术的普世元素,强调色彩和形体的纯粹。蒙德里安的格子画以简洁的线条和色块组合,展示了几何抽象艺术的潜力。他的作品不仅是视觉的享受,更是对空间和形式的深刻思考。蒙德里安通过对色彩和形状的严格控制,创造出一种和谐的视觉秩序,体现了构成主义对理性和秩序的追求。凡·杜斯伯格则通过其设计作品推动了几何形式在建筑和设计中的应用,他强调功能与形式的统一,倡导通过几何形状的组合来实现空间的合理利用。

凡·杜斯伯格的作品不仅在视觉上具有冲击力,更在功能上满足了现代生活的需求。他的设计实践为后来的建筑师和设计师提供了重要的参考,推动了现代设计的发展。

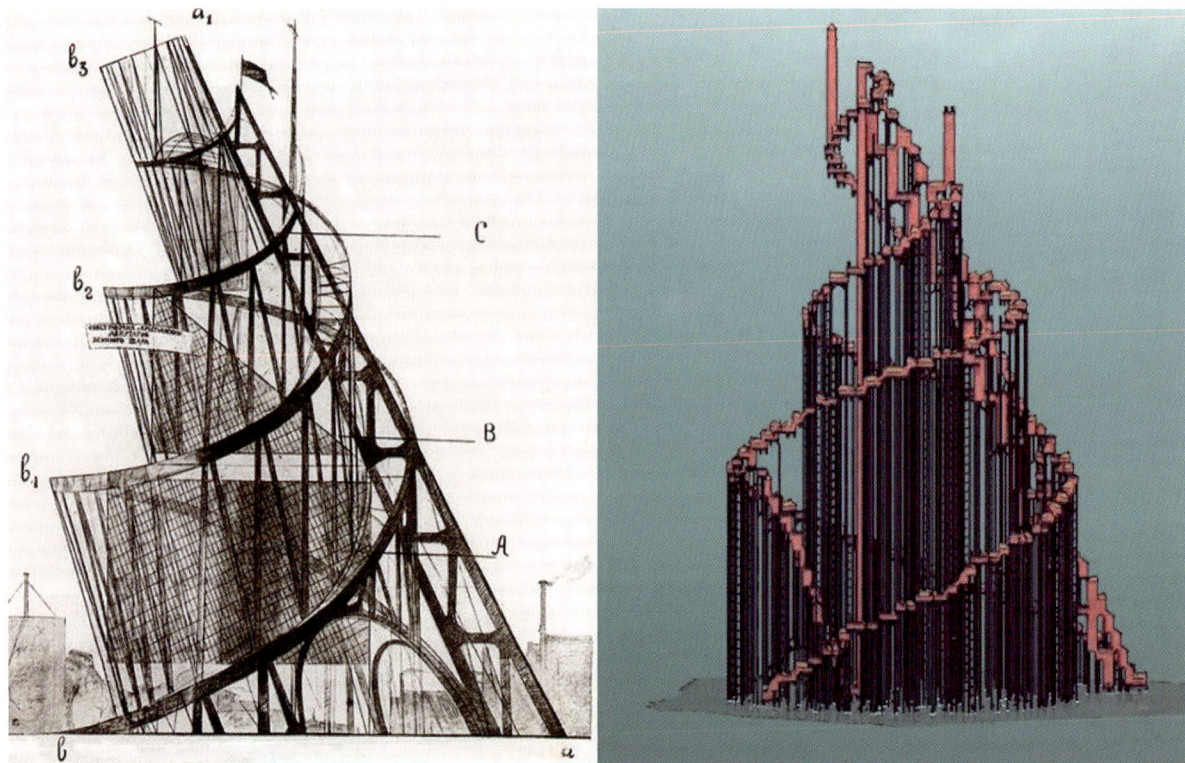

图1-3 塔特林的《第三国际纪念塔》

图1-4 皮特·蒙德里安

图1-5 特奥·凡·杜斯伯格

　　立体构成的历史根源与构成主义的关系,体现了艺术与技术的深度融合。构成主义不仅影响了视觉艺术的表现形式,也为设计领域提供了新的思维方式。随着时间的推移,立体构成的理念逐渐渗透到建筑设计、工业设计、室内设计等多个领域,成为现代设计的重要组成部分。设计师们利用立体构成的原则,创造出既实用又美观的设计作品,满足了人们对现代生活的需求。在立体构成的实践中,艺术家和设计师们不断探索材料与技术的结合,推动了设计方法的创新。通过对材质特性和技术手段的深入研究,设计师能够在立体构成中实现创意的表达和情感的传递。材质与技术的结合,使得立体构成在现代设计中展现出无限的可能性,为设计师提供了丰富的创作工具和表达语言。立体构成作为一种设计方法和思维方式,将继续推动现代设计的发展,为设计师提供无限的创作可能。随着科技的进步,新型材料的出现为立体构成的应用提供了更多的可能性。设计师需要不断学习和掌握这些新材料的特性,以便在设计中充分发挥其潜力。立体构成的历史根源与构成主义的关系,展示了艺术与设计的互动与发展,为现代设计的创新提供了重要的理论基础和实践指导。

2. 包豪斯时期的立体构成理论与发展

包豪斯设计学校(后简称"包豪斯")(见图 1-6)在立体构成的发展史上具有里程碑意义,奠定了其实践与理论的基础。作为包豪斯的创始人,瓦尔特·格罗皮乌斯(见图 1-7)将立体构成融入设计教育,强调形式与功能的结合,拓展了设计的各个方面。在包豪斯的教育体系中,立体构成被定义为探索材料、技术与形式之间关系的核心方法。这一方法不仅关注艺术的表现力,同时深入探讨实用技术的应用,形成了独特的设计教育理念。包豪斯的教育理念:强调跨学科的整合,鼓励学生在艺术与工艺之间找到平衡。立体构成作为这一理念的核心,促使学生在设计过程中考虑形态、空间和材料的相互关系。通过对基础元素的学习,学生能够在三维空间中自由表达创意,创造出既满足功能需求又具有审美价值的设计作品。这种教育方法不仅提升了学生的造型能力和构成能力,也为他们在现代设计领域的创新提供了广阔的空间。

包豪斯教育体系特点与目的如表 1-1 所示。

表 1-1　包豪斯教育体系特点与目的

教育阶段	特点	目的
预备课程	为期 6 个月的基础课程培养感知能力和创造性思维,学习颜色理论,进行形式分析、材料试验等	帮助学生打下坚实基础,理解艺术设计的基础元素和基本原则
工作坊教学	根据兴趣进入不同专业(如金属、木工、陶瓷等)工作坊,由"形式大师"和"技术大师"共同指导,强调艺术理念与实际工艺的结合	培养学生的实践技能和创新能力
跨学科融合	鼓励不同学科的融合,打破学科界限,参与综合性项目,促进建筑、设计、绘画、雕塑等领域的交叉合作	培养综合素质和团队协作能力
理论与实践并重	重视理论知识(如艺术史、哲学、美学理论)与实践相结合	让学生具备深厚的理论基础,理解和创造艺术作品
注重现代工业	强调设计与现代工业生产的联系,主张艺术服务社会,关注功能性、经济性和简洁性	适应机械化大规模生产,满足大众需求
著名导师团队	汇聚保罗·克利、康定斯基等著名艺术家的丰富教学内容和前卫艺术思想	提供高水平的指导,带来先进的艺术理念
教育流程	入学筛选:通过作品集和面试评估学生潜质 基础训练:通过预备课程培养基础能力 专业深化:在工作坊深入学习专业技能 毕业作品:完成综合性毕业作品,展示综合素质	培养具有创造力和实践能力的全方位人才

图 1-6　包豪斯设计学校

图 1-7　瓦尔特·格罗皮乌斯

　　在包豪斯的教学中,康定斯基(见图1-8)、保罗·克利(见图1-9)和莫霍利·纳吉(见图1-10)等杰出的艺术家和设计师发挥了重要作用。他们的作品不仅是艺术品,同时也成为设计教育的理论支柱。康定斯基通过其色彩和几何形象理论,保证设计在视觉和功能上的一致性,推动了抽象艺术在教育中的融合。他的作品强调了色彩与形状之间的关系,展示了如何通过几何形态传达情感和思想。这种理论的应用使得学生在设计过程中能够更好地理解视觉元素的组合与协调。

图 1-8　康定斯基

图 1-9　保罗·克利

图 1-10　莫霍利·纳吉

　　莫霍利·纳吉则通过光影试验,强调设计的科技性。他的作品应用了金属、玻璃等现代材料,展现了立体构成的现代性。莫霍利·纳吉鼓励学生进行材料试验,探索不同材料在光线和空间中的表现。他的试验不仅丰富了立体构成的表现手法,也为后来的设计师提供了新的思维方式,推动了设计的创新。

　　包豪斯的立体构成教育还强调了对材料特性的深入理解。设计师在选择材料时,不仅要考虑其视觉和触觉特性,还要考虑其物理性能和加工工艺。材料的物理强度、加工方法和工艺直接影响到作品形态的塑造。包豪斯鼓励学生在设计过程中综合考虑这些因素,以确保作品的美观性和实用性。这种对材料的重视,使得包豪斯的设计作品在视觉上既简洁又富有力量,展现了构成主义的核心思想。随着时间的推移,包豪斯的立体构成理念逐渐渗透到建筑设计、工业设计、室内设计等多个领域。设计师们利用立体构成的原则,创造出既实用又美观的设计作品,满足了人们对现代生活的需求。包豪斯的设计理念不仅影响了当时的设计师,也为后来的设计教育和实践奠定了基础。

在 20 世纪中叶,立体构成开始被广泛认可。设计师们利用立体构成的原则,创造出符合现代生活需求的设计作品,这些作品不仅在功能上满足了人们的需求,同时在视觉上也展现了独特的美感。立体构成不仅可以应用于艺术和设计领域,它还影响了环境艺术设计、产品造型设计和雕塑等多个方面,为现代设计提供了丰富的创作灵感和方法论。总之,包豪斯的立体构成理论与实践为现代设计的发展奠定了坚实的基础。立体构成作为现代设计语言的重要组成部分,不仅是艺术与设计学科的桥梁,更是创新思维与实践能力的体现。包豪斯的教育理念和实践方法为未来的设计创新打下了坚实的基础,推动了设计领域的不断进步与发展。

3. 立体构成与现代工业设计的互动

现代工业设计的兴起为立体构成提供了新的应用领域,丰富了其在设计实践中的作用。20 世纪中叶,随着社会对功能性与美学兼顾的设计的需求不断增加,立体构成开始广泛应用于建筑设计、工业设计、室内设计等多个领域。设计师们充分利用立体构成的原则,创造出既美观又实用的设计作品。这种设计方法强调功能性、材料特性与创意表达的统一,使其成为现代设计的不二选择。

在建筑设计中,立体构成为空间设计提供了新的美学视角。传统建筑往往遵循线性对称的原则,导致空间布局单调和乏味。而立体构成的引入,打破了这种局限性,增加了建筑设计的变化和趣味性。设计师们通过对几何形状的重新组合,创造出具有动态感和层次感的建筑作品。例如,现代建筑中的曲线和不规则形状,往往是立体构成理念的体现。这些设计不仅在视觉上吸引人,更在功能上满足了现代生活的需求。建筑师们通过立体构成的手法,能够更好地利用空间,创造出开放、灵活的环境,提升人们的居住和工作体验。

旺多姆广场 (Place Vendôme) 如图 1–11 所示,首尔纺织名企 KOLON 办公楼如图 1–12 所示。

图 1–11　旺多姆广场 (Place Vendôme)

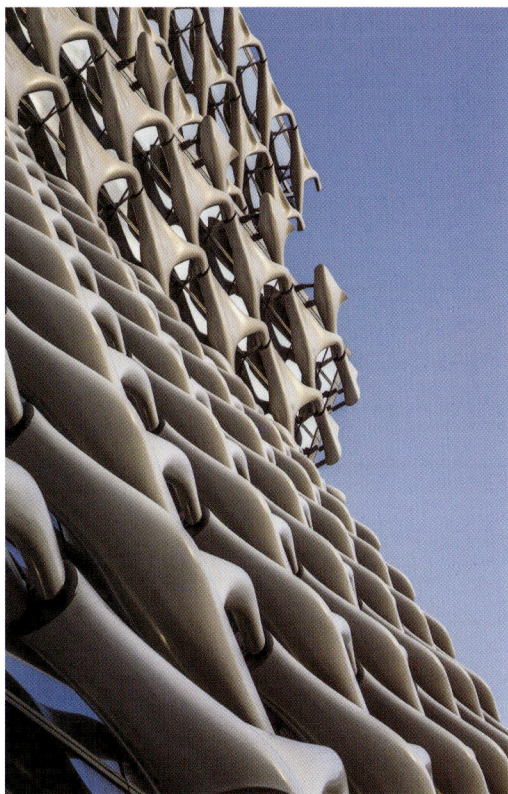

图 1–12　首尔纺织名企 KOLON 办公楼

在工业设计领域,立体构成的应用同样显著。设计师们将几何形状与产品功能有机结合,提升了用户的体验和产品的视觉冲击力。现代产品设计不仅关注外观的美感,更强调产品的实用性和用户的使用体验。立体构成的原则使得设计师能够在产品的形态、材料和功能之间找到最佳平衡。例如,许多现代家电和家具的设计,都是基于立体构成的理念,强调简洁的线条和流畅的形状。这种设计不仅使产品更具吸引力,也提高了其在使用过程中的便利性和舒适性。

室内设计中,立体构成通过对空间的逻辑布置和材料运用,实现了视觉和情感的完美统一。设计师们利用立体构成的原则,创造出既美观又实用的室内环境。通过对空间的合理划分和布局,设计师能够在有限的空间内创造出多样化的功能区域。例如,开放式的居住空间(见图1-13)在设计时,往往通过立体构成的手法,将不同功能区巧妙地结合在一起,这样既保持了空间的通透感,又满足了居住的多样化需求。此外,立体构成在室内设计中的应用还体现在材料上。设计师通过对不同材料进行组合,创造出丰富的视觉效果和触感体验,使得室内环境更具层次感和艺术性。立体构成不再仅仅是艺术表现的方法,而是现代设计中一项不可或缺的思维方式。它不仅影响了设计师的创作过程,也改变了人们对设计的理解和期待。随着科技的进步和材料的创新,立体构成的应用范围还会不断扩大,设计师们能够在更广泛的领域探索其潜力。新型材料的出现使得立体构成的表现手法更加多样,设计师可以通过不同的材料和技术,创造出更具表现力和功能性的设计作品。

图 1-13 开放式的居住空间

在未来的设计实践中,立体构成将继续发挥重要作用。设计师们需要不断探索和创新,将立体构成的理念与现代科技相结合,创造出符合时代需求的设计作品。通过对立体构成的深入研究,设计师能够更好地理解空间、材料和功能之间的关系,从而在设计中实现更高的艺术性和实用性。总之,立体构成与现代工业设计的互动,体现了艺术与技术的深度融合。立体构成不仅丰富了现代设计的表现手法,也为设计师提供了新的思维方式,推动了设计领域的不断创新与发展。随着社会对设计的要求不断提高,立体构成将在未来的设计实践中继续发挥重要作用,成为设计师探索创意与功能的关键工具。

4. 立体构成在多领域的应用与影响

立体构成在不断发展中逐渐突破艺术和传统设计的界限,深入影响多个领域。其原理不仅在广泛的建筑和雕塑中得到实践,还扩展到环境艺术设计和产品造型设计之中。立体构成的理念为设计师提供了新的视角,使他们能够在不同的领域中探索创意与功能的结合。

在环境艺术设计中,立体构成的原则帮助设计师更有效地将设计与自然景观相融合,打造可持续发展的生态环境。设计师们通过对空间的合理布局和材料的选择,创造出与自然环境和谐共生的艺术作品。例如,公园、广场和城市公共空间设计,往往运用立体构成的理念,强调空间的开放性和流动性。这种设计不仅提升了环境的美观性,也增强了人们的参与感和归属感。通过立体构成,设计师能够在环境艺术设计中实现功能与美学的统一,推动可持续设计的发展。

在产品设计领域,立体构成的几何美学被广泛应用,设计师利用这一原则创造出外形简约但富有表现力的产品,提升了市场竞争力。随着现代消费者对产品的审美要求不断提高,设计师们通过立体构成的手法,能够在产品的形态、功能和用户体验之间找到最佳平衡。例如,许多电子产品和家居用品的设计,都是基于立体构成的理念,强调简洁的线条和流畅的形状。这种设计不仅使产品更具吸引力,也提高了产品在使用过程中的便利性和舒适性。

立体构成对当代雕塑艺术的影响尤为显著。雕塑家通过几何和抽象元素的组合,探索体积与空间的关系,挑战传统的艺术模式。现代雕塑作品往往打破了传统雕塑作品的固有形式,采用不规则的几何形状和多样的材料,创造出具有动态感和层次感的艺术作品。这种创新的雕塑形式不仅丰富了艺术的表现手法,也为观众提供了新的视觉体验。立体构成的应用使得雕塑艺术在形式和内容上都得到了极大的拓展,推动了当代艺术的发展。

广场抽象公共艺术雕塑如图 1-14 所示。

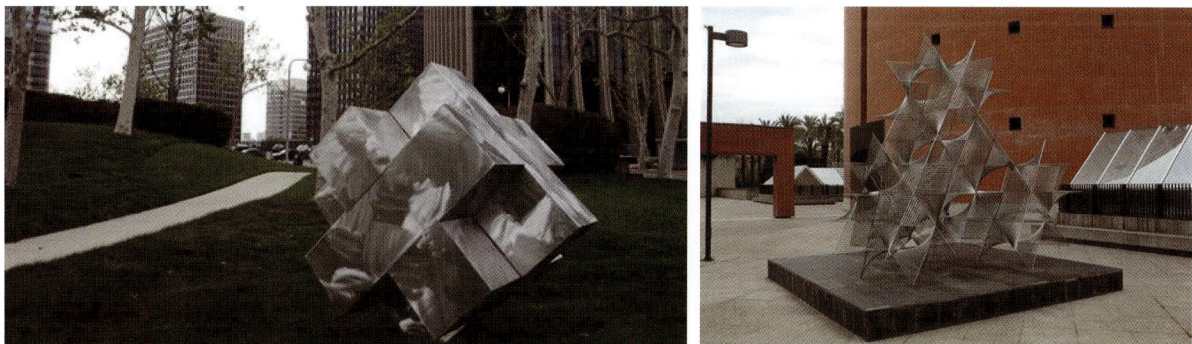

图 1-14　广场抽象公共艺术雕塑

立体构成的广泛影响不仅体现在形式的多样性上,更在于其提供的思维框架使设计师得以超越传统界限,勇于探索未知领域。这一设计理念与方法论的应用不仅在视觉艺术中得到延续,也在科技、教育和公共艺术中得到不断进化与表现。在科技领域,立体构成的原则被应用于产品开发和用户体验设计中,帮助设计师创造出更符合用户需求的产品。在教育领域,立体构成的理念被纳入设计课程,培养学生的空间思维能力和创造力,使他们能够在未来的设计实践中更好地应用这一方法。在公共艺术中,立体构成的应用也日益增多。许多城市公共艺术项目通过立体构成的手法,创造出具有视觉冲击力和互动性强的艺术作品。这些作品不仅美化了城市环境,也增强了公众对艺术的参与感和认同感。通过立体构成,艺术家能够在公共空间中创造出引人注目的艺术装置,激发人们的思考欲和交流欲。

立体构成作为设计语言,持续推动着现代设计语言的丰富和完善。它不仅为设计师提供了新的创作工具,也为设计领域的创新提供了理论支持。随着社会对设计的要求不断提高,立体构成将在未来的设计实践中继续发挥重要作用,成为设计师探索创意与功能的关键工具。总之,立体构成在多领域的应用与影响,体现了艺术与设计之间的深度融合。设计师们通过立体构成的原则,创造出既美观又实用的设计作品,满足了人们对现代生活的需求。立体构成不仅丰富了现代设计的表现手法,也为设计师提供了新的思维方式,推动了设计领域的不断创新与发展。随着科技的进步和材料的创新,立体构成的应用范围将继续扩大,为未来的设计实践带来更多的可能性。

二、核心概念解析

1. 立体构成的基本概念与原则

立体构成作为一种设计方法,旨在对三维空间中的形态元素进行排列、组合。这一过程不仅是简单的形态堆叠,更是通过科学分析与艺术表达所形成的形式美与功能美的统一体。在现代设计领域,立体构成的核心目标在于提升设计师对形态、空间及材料的敏感性与理解能力,同时培养其使用这些元素进行创造性思维与设计表达的能力。立体构成的核心元素包括点、线、面和体,这些元素构成了更为复杂的三维形态。点作为最基础的形态元素,仅表示位置但无大小。点的概念虽然简单,但它在定位和标识中却具有不可忽视的意义。线是点的移动轨迹,拥有长度而无宽度和厚度。线不仅是连接两个点的桥梁,更是构成形态的基础构件。线的变化会影响形态的整体感觉,直线给人以稳定感,而曲线则营造出流动性与动态感。面是通过线的运动形成的,具有长度与宽度。面是三维形态的重要组成部分,其大小和形状直接影响整个形态的视觉效果。体是面向三维空间的延伸,具备长度、宽度和厚度。在构造过程中,体的表现力不仅依赖于其外形,还与它所占据的空间有着密不可分的关系。只有透彻理解点、线、面、体之间的关系,设计师才能够有效创造出符合功能需求并富有美感的立体形态。

在进行立体构成设计时,不仅要考虑形态的物理组合,还需对材料特性、加工技术及视觉心理等多重因素进行考量。材料特性影响着形态的表现,设计师必须深刻把握每种材料在视觉和触觉上的独特性质。金属材料通常能传达出冰冷与坚固的感觉,而木材则能传达出温暖与自然的感觉。这些不同的材料特性不仅关系到作品的视觉效果,也与观者的心理感受紧密相连。设计师在选择材料时,应综合考虑材料的物理性质、视觉效果及其与设计意图的契合度,以实现特定的视觉效果与情感传递。

在现代设计教育中,立体构成不仅作为一门独立的学科被教授,更是跨学科设计能力培养的重要内容。通过对立体构成基础概念的深入理解,设计师能够有效提升其在设计过程中的创造性及表达能力。设计师的创造性不仅体现在其对形态的驾驭上,还在于其对空间和材料的把握上。立体构成为设计师的一种工具,使其能够在三维空间中灵活操作,探索新颖的美学形式和功能组合。这种能力的提升有助于推动现代设计的发展。同时,立体构成还有益于设计师在实际操作中的创新思维。通过焊接、榫卯、拼接等方法,设计师不仅能够对材料灵活运用,更能通过结构的变化探索形态的可能性。例如,在建筑设计中,设计师可以通过对构件的重新组合实现空间的灵活运用,使建筑在功能性与美观性上达到和谐共存。此外,在玩具设计、家居产品设计等消费品设计领域,巧妙的立体构成方法也能够有效提升产品的吸引力和用户体验。

立体构成的学习并非一蹴而就,而是一个不断探索与实践的过程。设计师需要通过观察自然、模仿杰出作品以及做材料试验等多种方式,逐步提高对形态、材料和空间的综合运用能力。只有在不断地尝试与思考中,设计师才能逐步形成个人独特的设计语言,更好地应对现代设计所面临的复杂挑战。立体构成作为一种设计方法,不仅强调了形态元素的合理组合,更通过分析与创造为现代设计注入了新的活力。掌握立体构成的基本原则,对于提升设计师在当今多变的设计环境中的竞争力具有重要意义。

2. 材料特性与加工技术在立体构成中的作用

材料特性在立体构成中扮演着关键角色,影响着设计的外观及视觉感知。不同材料之所以被广泛应用于设计领域,是因为它们在质感、重量、颜色、光泽等方面各具特点。这些特性不仅影响作品的表现力,也决定了设计师在创作过程中的思维方式。金属材质常传达出一种冰冷且坚固的感觉,这一特性使得金属作品往往具备现代感与科技感。在工业产品设计中,金属的应用可以提升产品的耐用性和使用寿命,此外,其可回收性也在环保设计中越来越受到重视。木材则被视为一种自然且温暖的材料,其纹理和色彩的丰富性为设计师提供了多样化的表达手段。木制家具及装饰品不仅展现出一种自然的美感,而且通过对木材特性的利用,如利用光照、湿度对木材的影响,设计师可以创造出与自然和谐共存的作品。在生态友好型设计中,木材作为一种可再生的天然材料,逐渐成为许多设计师的首选,体现出源于自然的设计理念。

不同材质的质感如图 1-15 所示。

图 1-15　不同材质的质感

在立体构成中,设计师必须深入理解材料的特性,以实现设计意图和视觉效果的完美融合。材料的物理性质,包括密度、强度、硬度等,都会直接影响到产品的功能性和美观性。因此,在设计初期,设计师应对拟用材料进行充分调查与分析,把握其在不同环境下的表现。通过试验与比对,设计师能够选择最符合设计理念的材料,从而在有限的物理条件下,达到最佳的视觉效果和满足相应的功能需求。加工技术在立体构成的形成中同样具有重要意义。传统的加工工艺,如锯割、雕刻、焊接、铸造等,为设计师提供了构建形态的基本手段。锯割能有效地将大块材料转化为所需的形态,雕刻则为作品增添了细腻的表面质感。焊接和铸造能够实现金属的复杂连接与形态的稳定。这些传统工艺不仅体现出设计师的技艺水平,更加深了设计师对材料特性的理解,通过操作能够激发设计师创作的灵感。

进入 21 世纪,现代科技为立体构成带来了革命性的变革。激光切割(见图 1-16)、3D 打印等新技术为设计师提供了前所未有的灵活性与创造力。这些技术的应用不仅提高了工艺的精度与加工的效率,还使得形状与结构的复杂性达到了前所未有的高度。激光切割利用高能激光实现精细的切割过程,释放出极大的设计潜力。在家具设计与艺术装置中,激光切割能够轻松实现传统工艺无法达到的复杂几何形态。3D 打印更是一种颠覆性的技术,它通过逐层打印材料来构建复杂的三维形态。这种技术允许设计师在制作过程中进行实时调整与优化,促进设计的高效迭代,使设计师能够在不受技术限制的情况下探索形态的极限,创造出形态独特、细节丰富的作品。3D 打印技术的广泛应用不仅提升了设计的个性化水平,也为产品的小批量定制打开了新的市场。

图 1-16　激光切割

立体构成要求设计师具备扎实的材料科学基础与加工工艺知识。通过理解材料的物理特性,设计师能够更好地选择符合设计理念的材料。例如,在进行家具设计时,设计师必须考虑材料的强度与稳定性,以确保最终产品的使用安全性。对不同材料进行纹理、色泽、重量等方面的试验和筛选,将为实现理想的视觉效果奠定基础。设计师应当主动将理论知识应用于实际操作之中,进行材料的试验与组合。

在立体构成设计的实际应用中,设计师还需要关注材料的可持续性和对环境的影响。随着大众环保意识的提高,选择可再生材料与生态友好型工艺已成为设计中的重要考量。如今许多设计师致力于寻找新材料与新技术,以减少设计对环境的负担。这一努力不仅推动了设计的可持续发展,也为立体构成的原理应用注入新的价值观。能否深刻理解和合理运用材料特性与加工技术决定了立体构成的成败。设计师需要在不断学习和探索中,积累与材料相关的丰富知识和实践经验,提升在设计过程中的灵活性与创造性。唯有通过对材料和加工技术进行深入研究,设计师才能设计出理想的立体构成作品,为现代设计注入新的活力。

有机生态家具如图 1-17 所示。

3. 视觉心理与空间感在立体构成中的重要性

立体构成的设计不仅涉及形态与材料的选择,更深层次地与视觉心理密切相关。视觉心理学为理解人们感知和解读三维形态的内在逻辑提供了理论支持。人类的视觉系统在接收外部信息时,往往会受到多种因素的影响,包括形状、颜色、光线和空间关系等。设计师在进行立体构成时,必须充分考虑这些心理因素,以便更有效地传达设计所蕴含的信息与情感,促使观者产生情感共鸣。

空间感的概念涵盖了物体在空间中的实际占位以及人们对空间的感知与想象。空间感不仅是物理空间的存在,更是观者在心理上对空间的理解与体验。设计师通过对空间感的研究,能够创造出更具吸引力和感染力的设计作品。空间的处理方式直接影响观者的情绪和心理反应。例如,开放空间通常给人以自由、舒适的感觉,而封闭空间则可能引发压迫感。通过对空间感的巧妙运用,设计师能够引导观者的情感走向,增强作品的表现力。

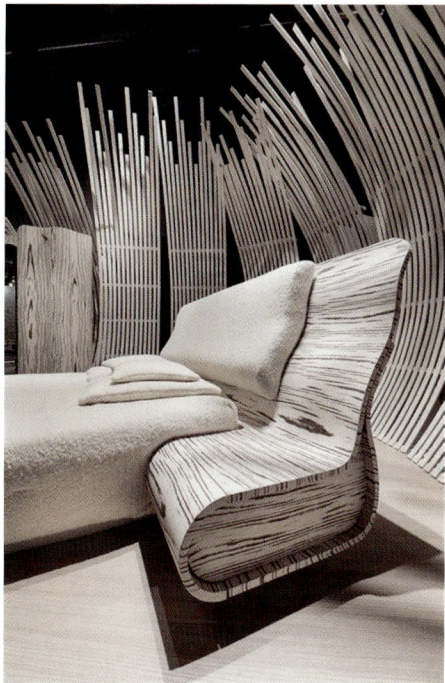

图 1-17　有机生态家具

在立体构成的设计中,丰富的空间层次与视觉效果至关重要。设计师可以利用不同的形态与材料创造出独特的空间体验,深刻影响观众的心理感受。通过对形态的变化与组合,设计师能够在视觉上形成层次感,使得作品在空间中呈现出动态的变化。例如,利用高低错落的形态可以营造出一种立体感,使观者在视觉上产生深度的感知。不同材料的对比也能增强空间的表现力,金属的冰冷与木材的温暖相结合,能够在视觉上形成强烈的对比,进而引发观者的情感共鸣。空间的处理不仅仅是形态的配置,更涉及光线的运用与色彩的搭配。光线在空间中的分布与变化,能够显著影响观者的视觉体验。设计师通过对光源的合理安排,可以营造出不同的氛围与传达出不同的情感。例如,柔和的光线能够营造出温馨的环境,而强烈的光线则可能传达出活力与动感。色彩的选择同样重要,不同的色彩组合会引发观者不同的情感反应。暖色调通常给人以温暖和亲切的感觉,而冷色调则可能传达出宁静与理性的感觉。设计师在立体构成中应充分考虑光线与色彩的搭配,以增强空间的视觉效果。

在实际设计中,空间的处理必须兼顾审美与功能性。形态在空间中的合理配置,不仅能够提高空间的使用率,还能便于观者体验与理解。设计师需不断探索人与空间之间的关系,以营造出和谐的视觉氛围。空间的布局应考虑到观者的活动路径与视线流动,使得观者在空间中能够自然而然地移动与观察。通过对空间的合理规划,设计师能够吸引观者的注意力,增强作品的吸引力。立体构成的设计还应关注观者的参与感与互动性。现代设计越来越强调用户体验,设计师在创作时应考虑观者的参与方式。通过设计可互动的元素,观者不仅是欣赏者,更是设计的一部分。这样的设计能够增强观者的沉浸感,使其在空间中产生更深层次的情感体验。设计师可以通过设置可移动的构件、可调节的光源等方式,鼓励观者与作品进行互动,从而提升设计的趣味性与参与感。

在立体构成的设计过程中,设计师还要关注文化背景与社会心理的影响。不同文化背景下,观者对空间的理解与感知可能存在差异。设计师应对目标受众的文化特征进行深入研究,以便在设计中融入适当的文化元素,增强作品的亲和力与认同感。通过对文化与心理的综合考虑,设计师能够创造出更具深度与广度的立体构成作品。

视觉心理与空间感在立体构成中的重要性不可忽视。设计师通过对这些因素的深入研究与灵活运用,能够创造出既具美学价值又富有情感的设计作品。立体构成不仅是形态与材料的简单组合,更是对空间感知与视觉心理的深刻理解与应用。通过不断探索与实践,设计师能够在立体构成的领域中实现更高的艺术追求与设计目标。

第二节　造型原理与美学

一、视觉要素分析

在立体构成中,视觉要素分析是理解和创造立体形态的基础。视觉要素包括形态的大小、形状、质地、色彩、肌理等,它们共同作用于人的感官,影响人们对立体形态的感知和理解。通过对视觉要素的分析,设计师可以更好地把握形态的特征,创造出具有视觉冲击力和表现力的设计作品。

形态的大小和形状是视觉要素中最直观的部分。形态的大小决定了形态在空间中的存在感,形态的形状则影响着形态的视觉流动性和稳定性。在立体构成中,设计师需要通过巧妙运用大小和形状,来创造既符合功能需求又具有美感的设计作品。例如,在建筑设计中,建筑物的大小和形状不仅影响其功能,还决定了其在城市景观中的视觉地位。质地和肌理是视觉要素中更为细腻的部分,它们通过光影的变化影响着形态的视觉效果。质地可以是光滑的、粗糙的、柔软的或坚硬的,而肌理则是质地的细微变化。设计师通过对质地和肌理的选择和组合,可以赋予形态不同的视觉感受和情感。例如,金属的光滑质地常常传达出现代感和科技感,而木材的自然肌理则带来温暖和亲和的感觉。色彩是视觉要素中最具表现力的部分,它直接影响着观者的情感和心理。色彩的选择和搭配不仅决定了形态的视觉效果,还影响着设计作品的整体氛围。在立体构成中,设计师需要通过对色彩进行深入研究,来实现形态的视觉统一和情感表达。例如,明亮的色彩可以增强形态的视觉冲击力,而柔和的色彩则可以营造出宁静和谐的氛围。

在立体构成的实践中,设计师需要关注形态要素如何影响空间的感知,如何通过形态的变化引导观者的视线和吸引观者的注意力,以及如何通过形态的组合创造出丰富的空间层次和视觉效果。空间感是立体构成中一个重要的概念,它不仅指物体在空间中的实际占据位置,还包括人们对空间的感知和想象。通过巧妙的设计,立体构成可以营造出丰富的空间层次和视觉效果,激发观赏者的想象力和情感共鸣。

此外,视觉要素的分析还涉及对形态的心理和文化意义的探讨,以实现设计与观者的深层次沟通。不同的形态和色彩在不同的文化背景下可能具有不同的象征意义,设计师需要在设计中考虑这些因素,以实现设计作品的文化适应和情感表达。例如,在某些文化中,圆形可能象征着和谐与完美,而在另一些文化中,红色可能代表着激情与活力。总之,视觉要素分析在立体构成中扮演着至关重要的角色。通过对形态的大小、形状、质地、色彩、肌理等视觉要素进行深入分析,设计师能够创造出具有视觉冲击力和表现力的设计作品。这不仅提升了设计作品的美学价值,也增强了其在观者心中的影响力。立体构成的视觉要素分析为设计师提供了丰富的创作工具和方法,使他们能够在三维空间中自由表达创意,创造出既满足功能需求又具有审美价值的设计作品。

二、美学法则探究

　　立体构成中的美学法则是设计师在创造美的形式和审美体验时的重要指导原则。这些法则涵盖了对称与均衡、节奏与韵律、对比与和谐、比例与尺度等多个方面,并在不同的设计领域中得到了广泛应用。通过对这些美学法则进行深入探究,设计师能够更好地理解形态美的本质,掌握创造美的形式语言,从而在设计中实现视觉与功能的完美结合。

　　美学法则如图 1-18 所示。

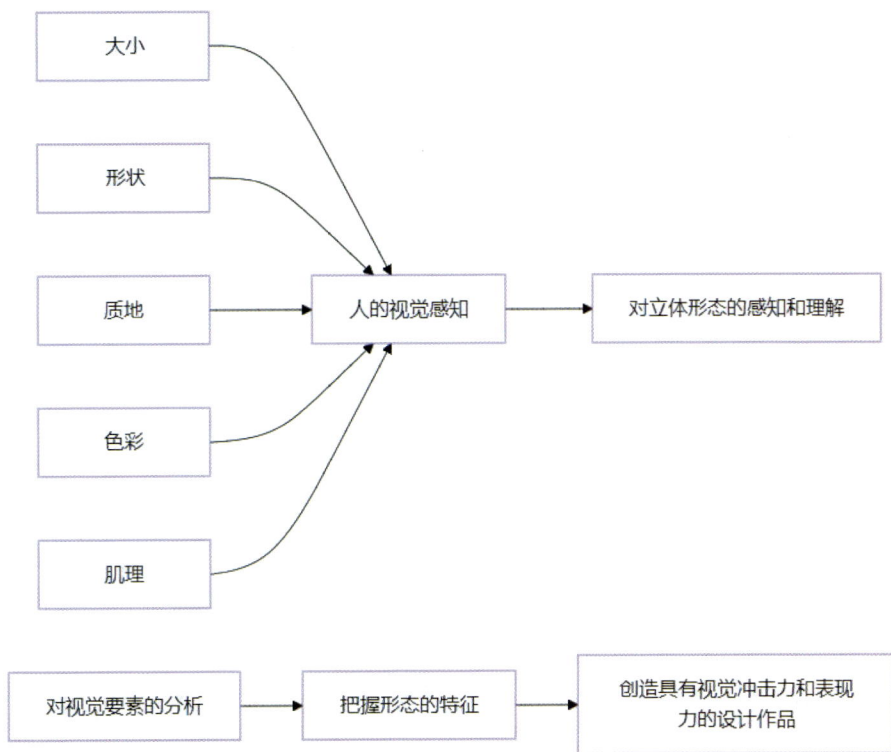

图 1-18　美学法则

　　对称与均衡是立体构成中的基本美学法则。对称性通常给人以稳定、和谐的感觉,而均衡则是在视觉上达到一种平衡状态,即使在不对称的设计中,也能通过巧妙的元素安排实现视觉上的平衡。设计师在运用对称与均衡时,需要考虑形态的重量感和视觉重心,以确保作品在视觉上具有吸引力和稳定性。

　　节奏与韵律在立体构成中同样重要。节奏是指形态在空间中的重复和变化,韵律则是这种重复和变化所产生的流动感。通过节奏与韵律的运用,设计师可以引导观者的视线,创造出动态的视觉效果。无论是在建筑设计中进行立面元素的重复,还是在产品设计中进行形态的渐变,节奏与韵律都能为作品增添生命力和动感。

　　对比与和谐是立体构成中不可或缺的美学法则。对比通过形态、色彩、质地等方面的差异,增强视觉冲击力和表现力,而和谐则通过这些元素的协调统一,创造出整体的美感。设计师在运用对比与和谐时,需要在差异与统一之间找到平衡,以确保作品既具有视觉吸引力,又不失整体的和谐美。

　　比例与尺度是立体构成中涉及形态大小关系的重要法则。比例是指形态各部分之间的大小关系,尺度则是形态与人或环境之间的大小关系。通过对比例与尺度的把握,设计师能够创造出符合人体工程学和环境需求的设计作品。在建筑设计中,合理的比例与尺度能够提升建筑的功能性和舒适性,而在产品设计中,则能够增强产品的实用性和美观性。

在立体构成的实践中,美学法则不仅能帮助设计师创造出符合视觉美感的作品,还能引导他们探索形态与功能、环境、文化之间的关系。设计师需要在设计中考虑形态的功能性,确保作品不仅美观,还能满足使用需求。同时,形态与环境的关系也需要被重视,设计师应确保作品与周围环境协调统一,以实现整体的视觉和谐美。

设计师应在尊重传统的基础上进行创新,以适应不断变化的社会需求和审美趋势。设计师需要在传统美学法则的指导下,结合现代科技和材料,创造出具有时代感和创新性的设计作品。通过对立体构成的理论与实践的深入学习,设计师能够更好地把握设计的本质,创造出具有时代意义和审美价值的作品。

立体构成的理论与实践是一个不断发展和深化的过程。设计师不仅需要具备扎实的专业知识和技能,还需要具备敏锐的洞察力和创新精神。通过对立体构成导论、造型原理与美学的深入学习,设计师将能够在设计中实现形式与功能的完美结合,创造出既符合现代审美趋势,又具有实用价值的设计作品。这种能力不仅提升了设计师的专业水平,也为他们在现代设计领域的创新提供了广阔的空间。立体构成作为一门独立的学科,不仅是对形态的研究,更是对设计思维的训练,它要求设计师在三维空间中自由表达创意,创造出既满足功能需求又具有审美价值的设计作品。

三、立体构成与现代设计的关系

在现代设计实践中,立体构成的原理和方法被广泛应用于各个领域,成为设计师不可或缺的工具。立体构成不仅是对形态的研究,更是对空间、材料和视觉效果的综合探索。它通过对三维空间的理解和运用,为设计师提供了一种强有力的视觉表现手段,使得设计作品在功能性和美观性上达到完美的平衡。

在工业产品设计中,立体构成帮助设计师在产品的外观和功能之间找到最佳结合点。通过对形态的精确控制,设计师能够创造出既符合人体工程学又具有视觉吸引力的产品,使得产品在市场上更具竞争力。

建筑设计是立体构成应用的另一个重要领域。建筑师利用立体构成的原理来规划和设计建筑空间,创造出既实用又具有艺术感的建筑作品。通过对空间的巧妙分割和组合,建筑师能够营造出丰富的空间层次和视觉效果,使建筑不仅是居住或工作的场所,更是一种艺术的表达。立体构成在建筑设计中的应用不仅提升了建筑的功能性,还增强了其在城市景观中的视觉地位。

在服装设计中,立体构成的原理被用于立体裁剪技术。设计师通过对布料进行设计,创造出符合人体曲线的服装,使得服装不仅舒适合身,还具有独特的视觉效果。立体构成在服装设计中的应用,使得设计师能够在面料的选择和剪裁上进行创新,创造出具有时代感和个性化的服装作品。

动画电影的场景布局同样受益于立体构成。通过场景的立体构成,动画设计师能够创造出具有深度和层次感的视觉效果,使观众在观看时产生身临其境的感觉。立体构成在动画设计中的应用,不仅提升了影片的视觉效果,还增强了故事的表现力和感染力。

立体构成在现代设计中的应用,不仅限于以上几个领域。它还在展示设计、室内设计、包装设计等多个领域有着广泛的应用。展示设计中,立体构成帮助设计师创造出具有视觉冲击力的展览空间,使观众在参观时能够更好地理解和体验展品。室内设计中,立体构成被用于空间的规划和装饰,使得室内空间既实用又美观。包装设计中,立体构成帮助设计师创造出既能保护产品又具有吸引力的包装,使产品在市场上更具竞争力。

立体构成作为现代设计的重要组成部分,其原理和方法为设计师提供了丰富的创作工具和方法。通过对立体构成的深入研究和实践,设计师能够在三维空间中自由表达创意,创造出既满足功能需求又具有审美价值的设计作品。立体构成不仅提升了设计作品的美学价值,也增强了其在观者心中的影响力和沟通效果。立体构成的应用使得现代设计在功能性和美观性上达到了新的高度,为设计师在创造性思维和实践能力上的不断进步提供了广阔的空间。

四、立体构成的学习方法

立体构成的学习不仅限于理论知识的掌握,更强调通过实践来提升技能。学习立体构成需要一种全面的、以实践为导向的策略,从而培养设计师的创造力和技术能力。观察自然是一个学习立体构成的重要方法。自然界充满了丰富的形态和结构,从植物的生长模式到地质的层叠变化,这些都为立体构成提供了无尽的灵感。通过仔细观察自然,设计师可以理解形态的生成规律和变化过程,从而在设计中应用这些自然法则,创造出具有生命力的作品。模仿大师作品是另一种有效的学习方法。历史上许多杰出的设计师和艺术家在立体构成领域留下了经典之作,这些作品不仅展示了其高超的技艺,也体现了其深刻的设计理念。通过研究和模仿这些大师作品,学习者可以深入理解立体构成的基本原理和美学法则,掌握形态的构成技巧和空间的组织方法。在模仿的过程中,学习者不仅能提高自己的技术水平,还能培养对设计的敏锐洞察力。

动手制作试验材料和形态练习是立体构成学习中不可或缺的环节。通过亲自动手,学习者可以探索不同材料的特性和可能性,理解材料在立体构成中的作用。试验过程中,学习者可以尝试将不同的材料组合在一起,创造出新的形态和结构。这种实践活动不仅能提高动手能力,还能激发创造性思维,使学习者在不断地试验中发现新的设计可能。

动手制作试验材料和形态练习如图 1-19 所示。

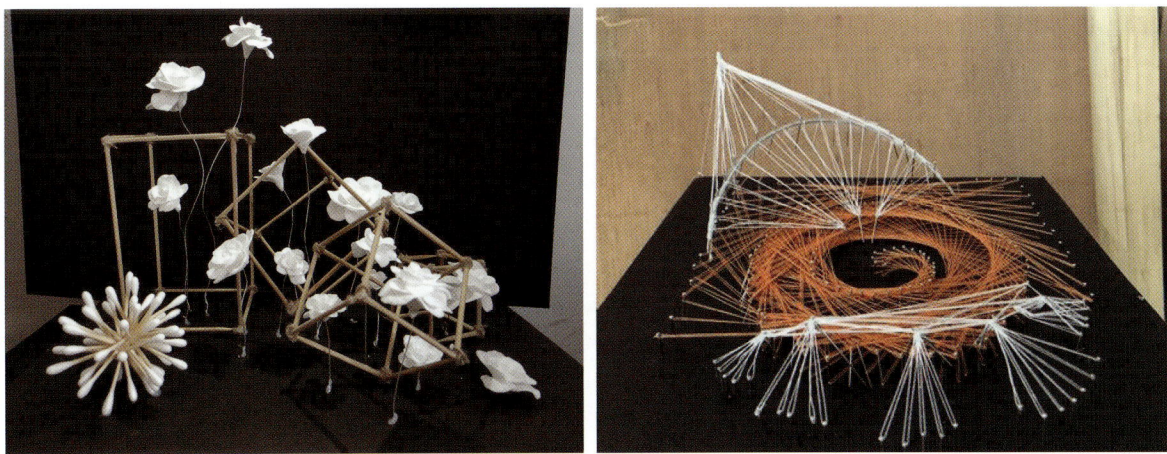

图 1-19　动手制作试验材料和形态练习

运用现代技术手段进行创作是立体构成学习的现代化方法。随着科技的发展,计算机辅助设计(CAD)、3D打印等技术为立体构成提供了新的工具和平台。通过这些现代技术,学习者可以更高效地进行形态设计和空间构建,快速实现从概念到实体的转化。现代技术的应用不仅提高了设计的精确性和效率,还拓宽了立体构成的创作空间,使学习者能够在虚拟环境中自由探索和试验。

立体构成的学习是一个动态的过程,需要理论与实践相结合。通过观察自然,学习者可以获得灵感和理解形态的自然法则;通过模仿大师作品,学习者可以掌握立体构成的基本技巧和设计理念;通过动手制作试验材料和形态练习,学习者可以探索材料的特性和形态的可能性;通过运用现代技术,学习者可以提高设计的效率和精确性。

立体构成的学习不仅提升了设计师的专业能力,也为他们在现代设计领域的创新提供了广阔的空间。通过这种全面的学习方法,设计师能够在三维空间中自由表达创意,创造出既满足功能需求又具有审美价值的设计作品。

综合材料的立体构成动手试验的一般流程如图 1-20 所示,立体构成动手试验作品如图 1-21 所示。

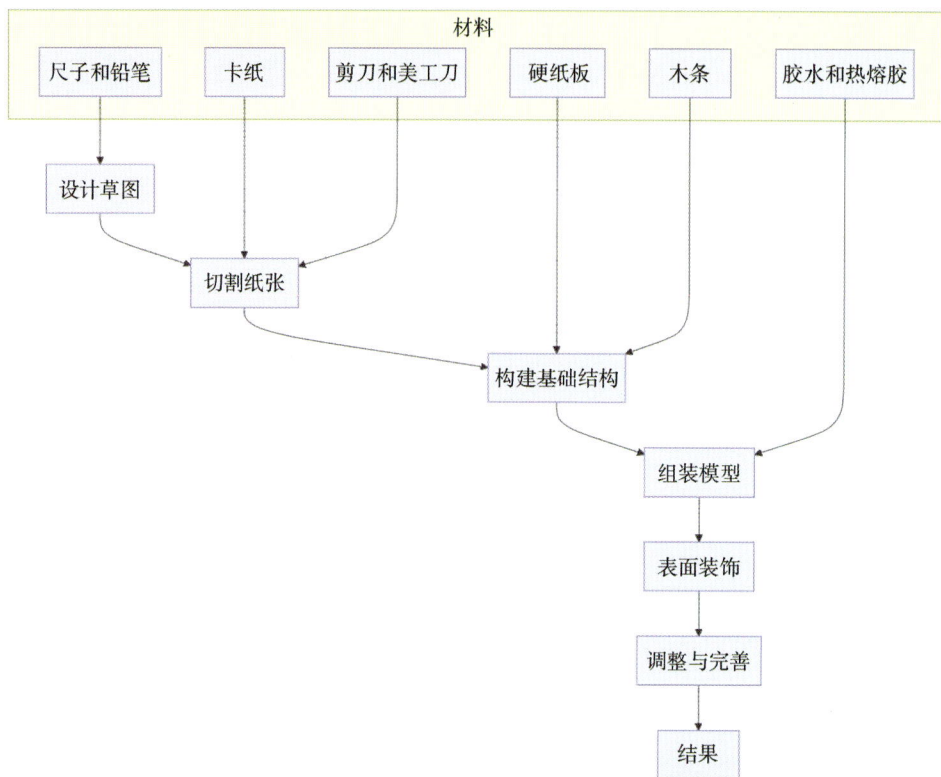

图 1-20　综合材料的立体构成动手试验的一般流程

图 1-21　立体构成动手试验作品

五、立体构成的未来趋势

在科技进步和新材料不断涌现的过程中,立体构成未来将展现出多元化和高科技化的特点。设计师面临的挑战是如何在这个快速变化的环境中保持创新和适应性。随着计算机辅助设计(CAD)、3D 打印和虚拟现实(VR)等高科技手段的普及,立体构成的设计过程变得更加高效和精确。这些技术的应用不仅提高了设计的效率,还拓宽了设计的可能性,使得复杂的形态和结构得以实现。

新材料的出现为立体构成提供了更多的创作空间。光学、声学、电学、化学等领域的进步带来了许多新型材料,这些材料具有独特的性能和视觉效果。设计师需要不断学习和掌握这些新材料的特性,以便在设计中充分发挥其潜力。材料的选择和应用直接影响着立体构成的形态、色彩和肌理,进而影响设计作品的视觉和触觉体验。通过对新材料的探索,设计师可以创造出具有创新性和时代感的作品。立体构成在未来的设计中将更加注重与环境的互动和可持续性。随着环保意识的增强,设计师需要考虑材料的可持续性和设计对生态的影响。立体构成的设计不仅要满足功能和美学的需求,还要在环境保护和资源节约方面作出贡献。通过使用可再生材料和环保工艺,设计师可以在立体构成中实现可持续发展的目标。

文化多样性和全球化趋势也对立体构成的未来发展产生了深远影响。设计师需要在全球化的背景下,理解和尊重不同文化的设计理念和美学标准。立体构成的设计需要在多元文化中找到平衡,创造出既具有全球吸引力又尊重本土文化的作品。通过对不同文化的深入研究,设计师可以在立体构成中融入多样化的文化元素,增强设计的文化深度和广度。立体构成的未来趋势还包括与其他学科的跨界融合。随着科技和艺术的界限逐渐模糊,立体构成与其他领域的结合将带来更多创新的可能性。设计师可以通过与科学家、工程师和艺术家的合作,探索新的设计方法和表达形式。这种跨学科的合作不仅丰富了立体构成的内涵,也为设计师提供了更广阔的创作空间。

在这个充满变化和挑战的时代,设计师需要不断更新自己的知识体系,以适应未来设计的需求。立体构成的学习不仅限于传统的设计理论,还需要结合现代科技和新材料的应用。通过持续的学习和实践,设计师可以在立体构成中实现创新,创造出具有时代意义和审美价值的设计作品。立体构成的未来发展将继续推动设计领域的进步,为设计师在创造性思维和实践能力上的不断提升提供动力。

第三节　结语

立体构成作为现代设计语言的重要组成部分,已经在多个设计领域展现出独特的价值并得到了广泛应用。通过对立体构成的理论与实践进行深入探讨,我们可以更好地理解其在现代设计中的核心地位和发展趋势。

立体构成的起源可以追溯到 20 世纪初的艺术运动,尤其受包豪斯学派的影响。包豪斯学派强调设计与艺术的结合,通过对形态、空间和材料的研究,培养学生的创造性思维和设计能力。这一理念为立体构成的发展奠定了基础,使其逐渐成为设计教育的重要组成部分。立体构成的核心包括点、线、面、体等基础元素,以及它们在三维空间中的组合。

在建筑设计中,立体构成的应用不仅提升了建筑的功能性,还增强了其在城市景观中的视觉地位。通过对空间的巧妙分割和组合,建筑师能够营造出丰富的空间层次和视觉效果,使建筑不仅仅是居住或工作的场所,更是一种艺术的表达。库哈斯的波尔多住宅和理查德·迈耶的道格拉斯住宅就是立体构成在建筑设计中的应用典范。设计师通过巧妙地组合不同形状的构件,创造出独特的建筑形态,同时也保证了建筑的结构稳定和可靠。

在服装设计中,立体构成被用于立体裁剪技术。设计师通过对布料进行设计,创造出符合人体曲线的服装,使得服装不仅舒适合身,还具有独特的视觉效果。Schiaparelli 的 2017 秋冬高级成衣系列展示了立体构成在服装设计中的多样性和创新性,设计师通过不同的材料和技术,将立体构成的原理应用到服装创作中,创造出独特的视觉效果和穿着体验。

立体构成在展示设计领域的应用,使得展览空间不仅是展品的陈列场所,更成为一种艺术的表达。设计师通过对空间的精心规划和立体造型的巧妙运用,创造出具有沉浸感和互动性的展示环境。这样的设计不仅可以吸引观众的注意力,还增强了展览的主题表达和信息传递效果。

在现代艺术中,立体构成的应用也不容忽视。许多艺术家通过立体构成探索新的艺术表达形式,创造出具有深刻思想和视觉冲击力的艺术作品(见图 1-22)。这些作品不仅挑战了传统艺术的界限,还为观众提供了新的审美体验和思考空间。

图 1-22 具有视觉冲击力的艺术作品

Liti Goucheng

第二章
材质与技术的艺术融合

在立体构成的广阔领域中,材质与技术不仅是实现创意的工具和手段,更是艺术表现的重要语言。材质的选择直接影响作品的质感、形态和功能,是设计师表达创意、传递情感的关键。不同的材料具有不同的视觉和触觉特性,能赋予作品不同的心理效应。金属的冰冷与坚硬、玻璃的透明与易碎、木材的温暖与舒适、塑料的柔韧与现代感,这些特性在立体构成中被巧妙运用,形成丰富的视觉体验和情感共鸣。

材质的分类和特性在立体构成中扮演着重要角色。材料的质地和肌理(见图 2-1)不仅影响视觉效果,还影响观者的心理感受。光滑而细腻的肌理传达出华丽与脆弱,粗糙而有光泽的肌理则显得沉重而生动。设计师通过对材料特性的深入理解,能够在作品中实现多样化的表达,创造出既具美感又具功能性的设计作品。

图 2-1 材料的质地和肌理

传统技艺在现代设计中的传承与创新是立体构成的重要课题。传统技艺(如雕刻、锻造、编织等)蕴含着丰富的文化内涵和精髓。在现代设计中,这些技艺通过与新材料和新技术相结合,焕发出新的生命力。设计师在继承传统的同时,注入现代元素,使作品既保留传统的韵味,又具有现代的创新性。现代科技对立体构成的创作过程产生了深远影响。计算机辅助设计(CAD)、3D 打印、激光切割等技术的应用,使得设计师能够在虚拟环境中进行形态的构建和测试,快速实现从概念到实体的转化。现代科技的介入,使得立体构成的创作过程更加灵活和多样,设计师能够在更广阔的空间中自由探索和创新。

材质与技术在立体构成中的应用,不仅提升了作品的美学价值和丰富了作品的功能,还推动了设计方法的创新。设计师通过对材质特性和技术手段的深入研究,能够在立体构成中实现创意的表达和情感的传递。材质与技术的结合,使得立体构成在现代设计中展现出无限的可能性,为设计师提供了丰富的创作工具和表达语言。立体构成作为一种设计方法和思维方式,将继续推动现代设计的发展,为设计师提供无限的创作可能。

第一节 材质特性与应用

一、材质分类概览

材质是构成立体形态的物质基础,其种类繁多,特性各异。在立体构成中,材质的选择不仅影响作品的视觉效果,还关系到作品的触感、声音,甚至气味。因此,对不同材质的特性及其应用进行了解,对设计师来说至关重要。材质可以根据其来源和特性进行分类,主要分为自然材料和人工材料。

　　自然材料是指天然形成的材料,如木材、石材、泥土等。这些材料以其原始、质朴和富有生命力等特点深深感染着人们,给人以亲切、舒适、自然的感受。木材的温暖和舒适、石材的坚固和永恒、泥土的柔软和可塑性,都是自然材料在立体构成中被广泛应用的原因。

　　人工材料则是通过人类加工制造而成的材料,如金属、玻璃(见图 2-2)、塑料等。金属以其冰冷和坚硬的特性,常用于表现具有力量和现代感的设计作品中。玻璃的透明和易碎特性,使其成为表现轻盈感和脆弱感的理想材料。塑料的柔韧性和现代感,使其在各种设计中都能找到应用的空间。

　　材质的视觉特性在立体构成中起着重要作用。不同的材料会产生不同的视觉效果和心理感受。即使是相同的形态,采用不同的材料也会产生不同的效果和感受。金属板让人感觉冰冷和坚硬,玻璃板则让人觉得透明和易碎,木板给人温暖和舒适的感觉,而塑料板则让人感到柔韧和现代。

图 2-2　金属、玻璃

　　材料的肌理也对作品的视觉和触觉效果产生影响。表面光洁而细腻的肌理让人觉得华丽和脆弱,表面平滑而无光的肌理给人以含蓄和安宁的感觉,表面粗糙而有光的肌理让人感到既沉重又生动,表面粗糙而无光的肌理则给人朴实和厚重的感觉。

　　在立体构成作品(见图 2-3)中,材料的选择不仅要考虑其视觉和触觉特性,还要考虑其物理性能和加工工艺。材料的物理强度、加工方法和工艺直接影响到形态的塑造。设计师在选择材料时,必须综合考虑这些因素,以确保作品的美观性和实用性。随着现代科技的发展,越来越多的新材料被应用于立体构成设计。设计师需要不断学习和掌握这些新材料的特性,以便在设计中充分发挥其潜力。

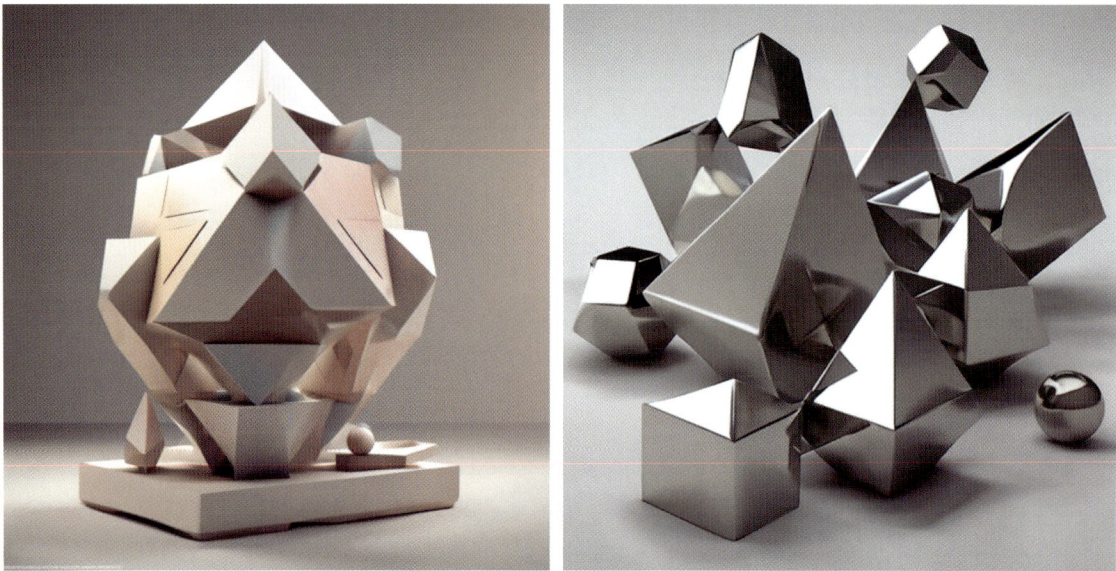

图 2-3　立体构成作品

　　材质的选择和应用是立体构成中至关重要的一环。通过对材质特性及其应用的深入了解,设计师能够在立体构成中实现创意的表达和情感的传递,创造出既具美感又具功能性的作品。

1. 金属材质

　　金属材质的立体构成作品(见图 2-4)以其高强度、良好的延展性和独特的光泽等特点,在立体构成作品中占据着重要地位。钢、铝、铜等金属因其坚固耐用的特性,广泛应用于大型雕塑和建筑结构中。金属的高强度使其能够承受巨大的压力,是构建大型结构和雕塑的理想选择。其良好的延展性允许设计师在不牺牲强度的情况下,创造出复杂而精细的形态。金属材质独特的光泽为作品增添了现代感和视觉吸引力。金属表面的光泽可以通过抛光、拉丝等工艺进行调整,从而实现不同的视觉效果。抛光后的金属表面光滑而明亮,反射出周围环境的色彩和光线,给人以现代和科技感。拉丝处理则赋予金属表面细腻的纹理,增加了视觉的层次感和质感。

　　金属材质的加工工艺多样,包括锻造、焊接、铸造等。锻造工艺通过加热和锤打金属,使其变形并形成所需的

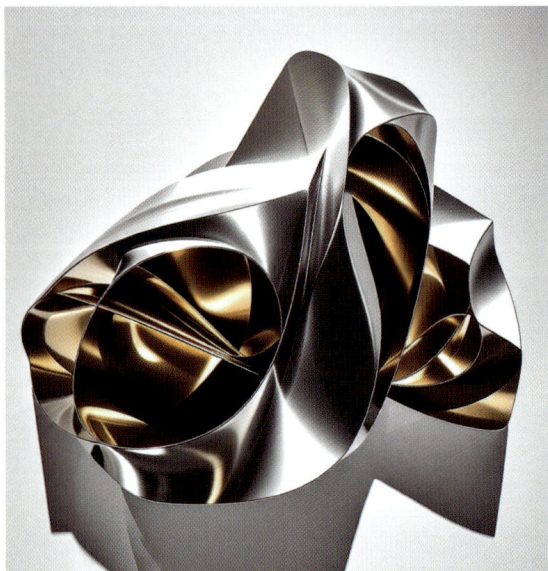

图 2-4　金属材质的立体构成作品

形态,该工艺赋予金属作品以力量感和动感,常用于表现具有力量感和动态的雕塑作品。焊接工艺通过加热和熔化金属,将不同的金属部件连接在一起,形成复杂的结构和形态。铸造工艺则通过将熔化的金属倒入模具中,冷却后形成所需的形态,适合大批量生产和复杂形态的制作。

　　金属材质在立体构成中的应用不仅限于传统的雕塑和建筑领域。在现代设计中,金属材质被广泛应用于家具、灯具、装饰品等领域(见图 2-5)。设计师通过对金属材质的创新应用,创造出具有现代感和艺术性的作品。金属材质的冰冷与现代感,使其在现代设计中成为表现简约和科技感的理想选择。随着科技的发展,新型金属材料不断涌现,如钛合金、记忆合金等。这些新材料具有更高的强度、更小的重量和更好的耐腐蚀性,为立体构成提供了更多的可能性。设计师需要

不断学习和掌握这些新材料的特性，以便在设计中充分发挥其潜力。

图 2-5　金属材质的家具、灯具

金属材质在立体构成中的应用展示了其在现代设计中的重要性。通过对金属材质特性及其加工工艺的深入了解，设计师能够在立体构成中实现特定的创意表达和情感传递，创造出既具美感又具功能性的作品。金属材质作为一种设计材料，将继续推动现代设计的发展，为设计师提供无限的创作可能。

2. 木材材质

木材作为一种天然材质，以其温暖的触感和自然纹理，广泛应用于家具设计、室内装饰等领域。其独特的质感和色彩使其成为设计师表达自然美感和舒适氛围的理想选择。木材的多样性和可塑性（见图 2-6）为设计提供了广阔的创作空间，不同种类的木材（如橡木、胡桃木、樱桃木等）特色不同，能赋予作品不同的视觉效果和触感。

木材的加工工艺多样，包括锯割、刨削、雕刻等。锯割工艺用于将木材切割成所需的形状和尺寸，是木材加工的基础步骤。刨削工艺通过去除木材表面的粗糙部分，使其更加光滑和平整，为后续的表面处理打下基础。雕刻工艺则通过在木材表面进行精细的刻画和雕琢，创造出复杂的图案和细腻的细节。这些工艺使得设计师能够在木材上制作出流畅的线条和细腻的表面，从而增强作品的美观性和艺术性。

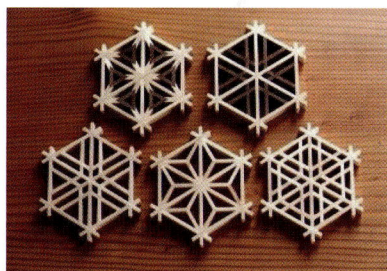

图 2-6　木材的多样性和可塑性

木材的自然纹理和色彩变化可为设计增添独特的视觉魅力。每一块木材都有其独特的纹理和色调，这种自然的变化使得每一件木制品都具有其独特性和不可复制性。设计师通过对木材纹理的巧妙运用，能够在作品中表现出自然的美感和生命力。木材的温暖色调和柔和质感，使其在室内装饰中营造出舒适和放松的氛围，成为现代家居设计中不可或缺的元素。

木材的可持续性和环保特性也使其在现代设计中备受青睐。作为一种可再生资源，木材在使用过程中对环境的影响较小，符合现代社会对环保和可持续发展的要求。设计师在选择木材时，常常考虑其来源和生产过程，以确保其符合环保标准和可持续发展的原则。随着现代科技的发展，木材的应用范围不断扩大。新型木材加工技术（如激光切割、数控雕刻等）使得木材的加工更加精确和高效。这些技术的应用不仅提高了木材加工的效率，还增加了木材在设计中的应用可能性，使得复杂的形态和结构得以实现。

木材材质在立体构成中的应用展示了其在现代设计中的重要性。通过对木材特性及其加工工艺的深入了解，设计师能够在立体构成中实现特定的创意表达和情感传递，创造出既具美感又具功能性的作品。木材作为一种设计材料，将继续推动现代设计的发展，为设计师提供无限的创作可能。

3. 塑料材质

塑料材质（见图2-7）以其轻质、易加工和成本低廉的特点，在现代设计中得到了广泛应用。其多样性和灵活性使其成为设计师实现创意和功能的理想材料。塑料的轻质特性使其在运输和安装过程中更加便捷，降低了成本和能耗。其易加工性则为设计师提供了丰富的创作空间，能够通过多种加工方式得到复杂的形态和结构。

塑料的加工方式多样，包括注塑、吹塑、热成型等。注塑工艺是将熔融塑料注入模具，冷却后形成所需的形态，是塑料加工常用的方法。这种工艺适合大批量生产，能够实现高精度和复杂形态的制作。吹塑工艺则是将塑料加热软化后吹入模具，形成中空的形态，常用于生产瓶子、容器等产品。热成型工艺则是加热塑料板材，使其软化后在模具中成型，适用于生产大型和复杂形态的产品。塑料材质加工方式的多样性使其在设计中具有广泛的应用前景。不同种类的塑料（如聚乙烯、聚丙烯、聚氯乙烯等）各具特性，能赋予作品不同的视觉效果和功能。透明塑料（如亚克力、聚碳酸酯等）常用于表现轻盈感和现代感的设计中，柔韧性好的塑料（如聚氨酯、硅胶等）适用于表现柔软和舒适的产品。

图 2-7　塑料材质

塑料的色彩和表面处理技术也为设计增添了丰富的视觉效果。塑料可以通过添加色母粒实现多种色彩的变化，从而满足不同设计风格的需求。表面处理技术（如抛光、喷涂、印刷等）使得塑料制品在视觉上更加丰富和多样。设计师通过对塑料色彩和表面处理技术的巧妙运用，能够在作品中表现出现代感和艺术性。

塑料材质的环保性和可持续性在现代设计中也备受关注。随着环保意识的增强，设计师在选择塑料时，常常考虑其可回收性和对环境的影响。生物降解塑料和可再生塑料的出现，为设计师提供了更多的选择，使得塑料在现代设计中更加符合可持续发展的原则。塑料材质在立体构成中的应用展示了其在现代设计中的重要性。通过对塑料特性及其加工工艺的深入了解，设计师能够在立体构成中实现特定的创意表达和功能目标，创造出既具美感又具实用性的作品。塑料作为一种设计材料，将继续推动现代设计的发展，为设计师提供无限的创作可能。

4. 玻璃材质

玻璃材质（见图2-8）以其独特的透明性和折射特性，在立体构成中扮演着重要角色。其透明性使得光线能够穿透并在内部折射和反射，创造出丰富的光影效果。这种特性使玻璃成为设计师在作品中表现轻盈、通透和现代感的理想材料。玻璃的视觉效果不仅限于透明，还可以通过不同的处理工艺呈现出磨砂、彩色、镀膜等效果，进一步增强了设计的表现力。

玻璃的加工工艺多样，包括吹制、切割、熔合等。吹制工艺通过加热玻璃并用吹管吹气成型，适用于制作各种形态的玻璃器皿和艺术品。这种工艺赋予玻璃作品以流动感和生命力，常用于表现自然和有机形态。切割工艺通过机械或激光切割玻璃板材，形成所需的形状和尺寸，是玻璃加工中常用的方法之一。熔合工艺通过将不同颜色和质地的玻璃在高温下熔合在一起,创造出丰富的色彩和纹理效果,适用于装饰性强的设计。玻璃材质被广泛应用于室内外装饰中,其透明和反射特性使其在建筑设计中常用于窗户、幕墙、隔断等部位,用来增强空间的通透感和自然采光能力。玻璃的光影效果在室内设计中也被广泛运用,通过灯具、镜面、装饰品等,创造出丰富的视觉层次和氛围。灯具设计中,玻璃的折射和反射特性被用来增强光线的扩散性和柔和度,用来提升空间的光环境质量。

图 2-8　玻璃材质

玻璃的环保性和可持续性在现代设计中也受到关注。作为一种可回收材料,玻璃在使用过程中对环境的影响较小,符合现代社会对环保和可持续发展的要求。设计师在选择玻璃时,常常考虑其来源和生产过程,以确保其符合环保标准和可持续发展的原则。随着科技的发展,新型玻璃材料不断涌现,如智能玻璃、光伏玻璃等。这些新材料具有更好的性能和更多的功能,为立体构成提供了更多的可能性。智能玻璃可以根据光线强度自动调节透明度,光伏玻璃则能够将太阳能转化为电能,为建筑提供可再生能源。设计师需要不断学习和掌握这些新材料的特性,以便在设计中充分发挥其潜力。

玻璃材质在立体构成中的应用展示了其在现代设计中的重要性。通过对玻璃特性及其加工工艺的深入了解,设计师能够在立体构成中实现特定的创意表达和功能目标,创造出既具美感又具实用性的作品。玻璃作为一种设计材料,将继续推动现代设计的发展,为设计师提供无限的创作可能。

5. 复合材料

复合材料是现代科技发展的产物(见图 2-9),由两种或两种以上不同材料组合而成,兼具各组成材料的优点。这种材料通过将不同性质的材料结合在一起,形成一种具有优异性能的新材料。复合材料的高强度、轻质和耐腐蚀特性,使其在航空、汽车、体育器材等领域得到了广泛应用。在航空领域,复合材料的轻质特性显著降低了飞机的自重,提高了燃油效

图 2-9　复合材料的立体构成作品（AI 创作）

率和载重能力。碳纤维复合材料因其卓越的强度和轻质特性,成为飞机机身、机翼等关键部件的理想选择,其耐腐蚀性也使得飞机在各种气候条件下能保持良好的性能和寿命。汽车工业中,复合材料的应用同样广泛,轻质复合材料的使用降低了车辆的整体重量,提高了燃油经济性和车辆性能。玻璃纤维和碳纤维复合材料常用于车身、底盘和内饰件的制造,不仅提升了车辆的安全性和舒适性,还增强了设计的灵活性和美观性。在体育器材领域,复合材料的高强度和轻质特性为运动员提供了更好的装备。碳纤维复合材料被广泛应用于自行车、网球拍、高尔夫球杆等器材中,提升了运动器材的性能。其优异的减震性能和灵活性,使得运动员在比赛中能够有更佳的表现。

复合材料的多样性和可定制性为设计师提供了丰富的创作空间,通过调整组成材料的比例和排列方式,可以设计出满足特定需求的复合材料。这种灵活性使得复合材料在建筑、医疗器械、消费电子等领域也有着良好的应用前景。随着科技的进步,新型复合材料不断涌现,如纳米复合材料、生物复合材料等。这些新材料具有更好的性能和更多的功能,为现代设计提供了更多的可能性。纳米复合材料通过在基体材料中加入纳米颗粒,显著提升了材料的强度、韧性和导电性。生物复合材料则通过结合天然材料和合成材料,创造出具有生物相容性和可降解性的材料,适用于医疗和环保领域。

复合材料在立体构成中的应用展示了其在现代设计中的重要性。通过对复合材料特性及其加工工艺的深入了解,设计师能够在立体构成中实现创意表达和功能目标,创造出既具美感又具实用性的作品。复合材料作为一种设计材料,将继续推动现代设计的发展,为设计师提供无限的创作可能。

二、材质创新实践

随着科技的不断进步,新型材料层出不穷,为立体构成带来了新的可能性。设计师在面对这些新材料时,需要探索其特性,创新其应用方式,以实现设计的突破。

1. 智能材料

智能材料(见图 2-10)是现代材料科学的前沿领域,能够感知环境变化并做出响应。这些材料的独特特性为设计师提供了创造动态交互作品的机会,增加了设计的可能性和表现力。智能材料的应用不仅限于传统的功能性设计,还在艺术、建筑、医疗等领域表现出巨大的发展潜力。形状记忆合金是一种典型的智能材料,能够在特定温度下恢复到预设形状。这种材料常用于需要形状变化的设计中,如可调节的建筑结构、可变形的家具,以及医疗器械中的自适应支架。形状记忆合金的应用使得设计师能够创造出具有动态变化能力的作品,增强了设计的互动性和功能性。压电材料是另一种重要的智能材料,能够在机械应力下产生电荷,或在电场作用下发生形变。这种材料广泛应用于传感器、执行器和能量收集设备中。压电材料的应用使得设计师能够在作品中实现能量转换和信号传递,创造出具有感知和响应能力的智能系统。

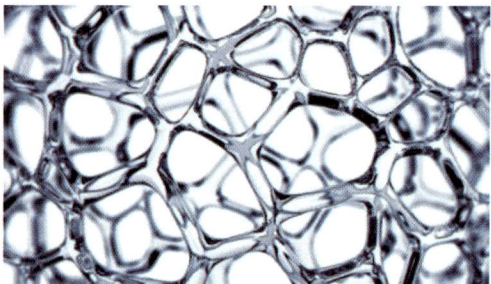

图 2-10 智能材料

智能材料还在艺术和建筑领域展现出其独特的魅力。在艺术创作中,智能材料的动态特性为艺术家提供了新的表达方式,使艺术家能够创造出随环境变化而变化的动态艺术作品。在建筑设计中,智能材料的应用使得建筑能够根据环境条件自动调节,如智能窗户、可变形幕墙等,提升了建筑的舒适性和能源效率。随着科技的进步,新型智能材料不断涌现,如光致变色材料、磁流变液等。光致变色材料能够在光照下改变颜色,适用于智能显示和动态装饰。

磁流变液能够在磁场作用下改变黏度,适用于可调阻尼系统和智能减震器。这些材料具有更高的响应速度和更广泛的应用范围,为现代设计提供了更多的可能性。

智能材料在立体构成中的应用展示了其在现代设计中的重要性。通过对智能材料特性及其应用的深入了解,设计师能够在立体构成中实现特定的创意表达和功能目标,创造出既具美感又具互动性的作品。智能材料作为一种设计材料,将继续推动现代设计的发展,为设计师提供无限的创作可能。

2. 生物降解材料

生物降解材料是现代材料科学中备受关注的领域,随着大众环保意识的增强,这些材料越来越受重视。生物降解材料在使用后能够在自然环境中分解,减少对环境的影响,符合可持续发展的理念。设计师利用这些材料可以设计出既环保又具有美学价值的作品,为现代设计注入新的活力和意义。生物降解材料通常由天然聚合物或合成聚合物制成,这些聚合物能够在微生物的作用下分解成无害的物质,如水、二氧化碳和生物质。常见的生物降解材料包括聚乳酸(PLA)、聚羟基脂肪酸酯(PHA)、淀粉基塑料等。这些材料不仅具有良好的生物降解性能,还具备一定的机械性能和加工性能,能够满足多种设计需求。

在包装设计中,生物降解材料的应用尤为广泛。随着一次性塑料制品对环境的影响日益严重,生物降解材料为包装行业提供了环保的替代方案。设计师可以利用生物降解材料设计出既实用又环保的包装产品,如购物袋、食品包装、快递包装等,减少塑料制品对环境的危害。在产品设计中,生物降解材料的应用范围也在不断扩大。设计师可以利用这些材料设计出各种日常用品,如餐具、花盆、玩具等,满足消费者对环保的需求。生物降解材料的自然质感和色彩变化为设计增添了独特的美学价值,使得产品在视觉上更加贴近自然和生活。

生物降解材料在时尚设计中也展现出了巨大的潜力。设计师可以利用这些材料设计出环保的服装和配饰,倡导可持续时尚理念。生物降解材料的柔软性和可塑性使其在服装设计中具有较大的应用可能性,能够实现复杂的形态和结构。随着科技的进步,新型生物降解材料不断涌现,如海藻基材料、菌丝体材料等。海藻基材料通过提取海藻中的天然聚合物制成,具有良好的生物相容性和可降解性。菌丝体材料通过培养真菌菌丝体制成,具有独特的质感和结构,适用于建筑、家具等领域。这些新材料具有更好的生物降解性能和更广泛的应用范围,为现代设计提供了更多的可能性。

生物降解材料在立体构成中的应用展示了其在现代设计中的重要性。通过对生物降解材料特性及其应用的深入了解,设计师能够在立体构成中实现特定的创意表达和环保理念传递,创造出既具美感又具可持续性的作品。生物降解材料作为一种设计材料,将继续推动现代设计的发展,为设计师提供无限的创作可能。

3. 纳米材料

纳米材料因其在纳米尺度上的特殊性质,在现代设计中展现出巨大的潜力。纳米材料的高强度、轻质、高导电性等特性,使其在立体构成中具有良好的应用前景。纳米材料的独特性质源于其极小的尺寸和高比表面积,这些特性使得纳米材料在物理、化学和生物性能上表现出与宏观材料截然不同的特征。在立体构成中,纳米材料可以极大地提高作品的性能和增加作品的功能。纳米材料的高强度特性使得设计师能够在保持轻质的同时,增强作品的结构强度和耐用性。这种特性在航空航天、汽车制造等领域尤为重要,能够显著减轻结构重量,提高燃油效率和载重能力。纳米材料的轻质特性不仅有助于减轻产品重量,还能提升产品的便携性和使用舒适度,适用于消费电子、运动器材等领域。

纳米材料的高导电性为电子产品设计提供了新的可能性。纳米材料(如碳纳米管、石墨烯等)的优异导电性能,使其能够用于制造高效能的电子元件和电池。这些材料的应用使得电子产品在性能上得到显著提升,同时也推动了柔性电子、可穿戴设备等新兴领域的发展。纳米材料的导电特性还可以用于智能材料的设计,使得作品能够感知环境变化并做出响应,增强设计的互动性和功能性。纳米材料的应用不仅限于功能性设计,还在艺术和建筑领域表现出独特的魅力。纳米材料的光学特性使得设计师能够创造出具有特殊光影效果的作品,增强视觉冲击力和艺术表现力。在建筑设计中,纳米材料的应用可以提高建筑的能效和环保性能,如通过纳米涂层实现自清洁、隔热等功能,提升建筑的舒适性和可持续性。

随着科技的进步,新型纳米材料不断涌现,现代设计也有了更多的可能性。纳米材料的多样性和可定制性使得设计师能够根据具体需求,选择合适的材料组合方式和加工工艺,实现特定的创意表达和功能目标。纳米材料的应用不仅推动了材料科学的发展,也为设计师提供了丰富的创作空间和无限的创作可能。纳米材料在立体构成中的应用展示了其在现代设计中的重要性。

第二节　技艺方法

一、传统技艺概述

传统技艺是立体构成中不可或缺的一部分,它们蕴含着丰富的文化价值和审美理念。通过对传统技艺的回顾和研究,设计师可以从中汲取灵感,探索传统与现代的融合之道。

1. 木工技艺

木工技艺(见图2-11)作为一种古老的手工艺,拥有着悠久的历史和丰富的技法。它不仅是实用的工艺技术,更是一种艺术表达的形式。木工技艺主要包括锯割、刨削、接合、弯曲、雕刻等,每一种技艺都蕴含着深厚的文化底蕴和智慧。

图 2-11　木工技艺

1）锯割

锯割是木材加工的基础工艺之一，利用木锯将木材分割成所需的尺寸和形状。锯割后的木材表面通常较为粗糙，这种粗糙的质感赋予木材一种独特的粗犷美感，能够在设计中营造出质地疏松的视觉效果。根据设计需求，锯割可以产生不同程度的粗糙肌理，为后续的加工提供了多样的选择。

2）刨削

刨削（见图 2-12）是对木材表面进行精细加工的过程，使用锋利的金属工具切削木材表面，使其变得光滑平整。经过刨削处理的木材，不仅外观整洁，还能更好地展现木材的自然纹理，给人以轻快的心理感受。此外，刨削过程中产生的刨花也可以作为创作素材，增加设计的多样性。

图 2-12　木材的刨削

3）接合

木材的接合（见图 2-13）工艺在传统建筑和家具制作中占据重要地位。传统的接合方式包括榫接和嵌合，这些方法利用木材的可切削特性，将接合处加工成榫头和卯眼，然后进行连接。这种接合方式坚固自然，早在河姆渡时期就已被使用。现代科学的发展引入了金属件的栓接、钉合，以及化学材料的黏合，使得木材接合更加多样化和高效。

4）弯曲

木材的弯曲加工（见图 2-14）通常受到其韧性和可塑性的限制。然而，将木材锯割成片状或条状，并采用烘、蒸等方法进行软化处理，可以增强其韧性，从而便于进行弯曲加工。经过弯曲处理的木材可以根据设计需要进行定型，创造出流畅的曲线和独特的造型。

5）雕刻

雕刻是木材加工中最具艺术性的工艺之一，利用雕刻刀或凿子改变木材的形状（见图 2-15）。雕刻技法丰富多样，包括圆雕、浮雕和透雕等，通过雕刻，设计师可以充分利用木材的松软物理特性，创造出复杂的形态和细腻的细节。这种工艺不仅提升了木材制品的艺术价值，也为设计师提供了广阔的创作空间。

图 2-13　木材的接合

图 2-14　木材的弯曲

图 2-15　木材的雕刻

这些木材加工工艺不仅展示了木材在设计中的多样性和灵活性,也体现了传统工艺与现代技术的结合,为设计师在家具设计、室内装饰设计等领域提供了更多创作可能性。

2. 铁艺技艺

铁艺技艺(见图2-16)以其坚固耐用的特性,在建筑装饰设计、家具设计等领域有着广泛的应用。这种技艺不仅体现了材料的物理特性,还通过精湛的工艺展现出独特的艺术魅力。铁艺的历史可以追溯到古代,随着时代的发展,其工艺和应用领域不断拓展,成为现代设计中不可或缺的一部分。铁艺的制作过程始于铁矿石的开采和冶炼,铁矿石在高炉中经过高温冶炼,得到生铁。根据不同的用途,生铁可以进一步加工成炼钢生铁或铸造生铁。在冶炼过程中,加入钙、硅、锰、硫等元素,可以获得不同性能的铁材。这些不同性能的铁材为铁艺作品的多样性创作提供了基础。

图2-16　铁艺技艺

在立体构成中,铁艺的成型主要有锤击锻造和浇注铸造两种工艺。锤击锻造是一种古老而传统的工艺,反复锤打铁材,使其成型并增强其强度和韧性。这种工艺常用于制作高强度和复杂形状的铁艺作品,如栏杆、门窗等。浇注铸造则是将熔化的铁水倒入模具中,冷却后形成所需的形状,适合大批量生产和形状复杂的铁艺作品。

铁艺作品的表面处理是铁艺作品技艺的重要组成部分。通过切削、抛光、焊接、镀、刻等技术,铁艺作品可以呈现出不同的质感和视觉效果。切削和抛光技术可以使铁艺作品表面光滑细腻,增强其美观性和触感。焊接技术则用于连接不同的铁艺部件,确保作品的整体性和稳定性。镀和刻技术可以为铁艺作品增添色彩和图案,提升其装饰性和艺术价值。铁艺技艺的创新应用不仅限于传统的建筑和家具领域,还在艺术装置、公共设施等方面展现出其独特的价值。设计师通过对铁艺技艺的创新应用,能够在作品中展现出材质的力量感和结构美,创造出具有视觉冲击力和艺术感染力的作品。铁艺的可塑性和多样性使得其在现代艺术创作中具有良好的应用前景。铁艺技艺能够与其他材料和技术结合,创造出跨界的艺术作品。

随着科技的进步,铁艺技艺也在不断发展。现代技术如激光切割、数控加工等的引入,使得铁艺加工更加精确和高效,拓宽了铁艺的应用范围,丰富了铁艺的表现形式。设计师需要不断学习和掌握这些新技术,以便在设计中充分发挥铁艺的潜力。铁艺技艺在立体构成中的应用展示了其在现代设计中的重要性。通过对铁艺特性及其工艺的深入了解,设计师能够在立体构成中实现特定的创意表达和功能目标,创造出既具美感又具实用性的作品。铁艺技艺作为一种设计语言,将继续推动现代设计的发展,为设计师提供无限的创作可能。

3. 陶瓷技艺

陶瓷技艺(见图 2-17)是一种古老而精湛的手工艺,涵盖了从泥料的配制到成型、施釉、烧制等多个环节。陶瓷的制作过程不仅是对材料的加工,更是对艺术的追求。陶瓷技艺在历史长河中不断演变,成为人类文化的重要组成部分。在现代设计中,设计师结合传统技艺与现代技术,创造出符合现代审美的陶瓷作品,赋予陶瓷新的生命力和表现形式。

图 2-17　陶瓷技艺

陶瓷的制作始于泥料的配制。黏土是陶瓷制作的主要原料,经过长期的地质作用形成,具有良好的可塑性和耐火性。黏土的种类直接影响陶瓷的质地和色泽。设计师在配制泥料时,需要根据作品的需求,选择合适的黏土种类,并通过添加其他矿物质来调整泥料的性能,以达到理想的成型效果。

成型是陶瓷制作的关键环节之一。传统的成型方法包括手工捏塑、拉坯、注浆等,这些方法赋予陶瓷作品独特的手工质感和艺术价值。手工捏塑适用于制作独一无二的艺术品,能够充分体现设计师的创意和技巧。拉坯则是通过旋转的陶轮塑造陶坯,适合制作对称性强的器物。注浆则是将泥浆倒入模具中,适合大批量生产的情况。

施釉是陶瓷制作中不可或缺的步骤。釉料的种类和施釉工艺直接影响陶瓷的色彩和光泽。釉料可以为陶瓷提供保护层,增强其耐磨性和防水性,同时也赋予陶瓷丰富的色彩和质感。设计师可以通过调配釉料的成分和控制施釉的厚度,创造出多样的视觉效果。

烧制是陶瓷制作的最后一步,也是最具挑战性的环节。陶瓷在高温窑炉中烧制,泥料中的化学成分发生变化,形成坚硬的陶瓷体。烧制的温度和时间需要精确控制,以确保陶瓷的强度和色泽达到预期效果。现代技术的发展为陶瓷烧制提供了更多的可能性,如电窑、气窑等新型窑炉的使用,使得烧制过程更加可控和高效。

在现代设计中,陶瓷技艺不仅保留了传统的工艺美学,还通过现代技术的应用,丰富了陶瓷的表现形式和功能。设计师可以利用数控技术、3D打印技术等,精确地控制陶瓷的形态和细节,创造出复杂而精美的作品。此外,现代陶瓷技艺还注重环保和可持续性,通过改进生产工艺和材料,可减少对环境的影响。

陶瓷技艺在现代设计中的应用展示了其在艺术与实用之间的平衡。通过对陶瓷技艺的深入研究和创新应用,设计师能够在作品中表现出传统与现代的融合,创造出既具美感又具实用性的陶瓷作品。陶瓷技艺作为一种设计语言,将继续在现代设计中发挥重要作用,为设计师提供无限的创作可能。

4. 编织工艺

编织工艺(见图2-18)以其独特的手工技艺和艺术特色而闻名。编织工艺品通常是纯手工制作完成的。传统的编织工艺主要利用植物的枝条、叶、皮等天然材料进行编织,这些材料赋予了作品天然、朴素、清新的艺术特色。自然材料的使用不仅使得每件作品都具有独特的质感和色彩,还反映了人与自然和谐共生的理念。随着时代的发展,编织工艺品的材料选择变得更加多样化。现代编织工艺品不仅继续使用传统的天然材料,还引入了许多新型材料,如合成纤维、金属丝等。这些新材料的引入不仅丰富了编织工艺品的表现形式,还拓展了其应用范围,增强了其市场竞争力。

图 2-18　编织工艺

在中国,编织工艺按原料可分为六大类:竹编、藤编、草编、棕编、柳编和麻编。每一种材料都有其独特的性质和适用范围。例如,竹编以其坚韧和轻便著称,常用于制作家具和日用品;藤编则因其柔韧性和弹性,适合制作装饰品和家具;草编和棕编多用于制作日常生活用品,如篮子和垫子;柳编和麻编则因质地柔软,常用于制作服装和鞋帽。

编织工艺品的品种丰富多样,主要包括日用品、欣赏品、家具、玩具、鞋帽五大类。日用品(如篮子、垫子等)因其实用性和美观性深受欢迎;欣赏品则多为艺术性强的装饰品,常用于室内装饰;家具类编织工艺品以其独特的造型和舒适性,成为现代家居设计中的亮点;玩具和鞋帽类编织工艺品则以其趣味性和实用性,受到各年龄段人群的喜爱。编织技法在编织工艺品的造型和图案装饰中起着至关重要的作用,不同的编织技法可以创造出不同的花纹和造型,使得每件作品都独具特色。无论是简单的平纹编织,还是复杂的花纹编织,每一种技法都能赋予作品独特的艺术魅力和实用价值。

通过对传统编织技法的创新应用,现代编织工艺品在保持传统美学的同时,还能展现出更为多元的艺术风格和文化内涵。常见的编织技法有编织、包缠、钉串、盘结等。

1)编织

编织(见图2-19)是基本技法之一,广泛应用于各种编织工艺品中,包括平纹编织、花纹编织、编、编帽等。平纹编织是最简单的形式,通过经纬线的交错排列形成平整的表面,常用于制作日常用品和简单的装饰品。花纹编织则在平纹编织的基础上,通过改变经纬线的排列方式,形成各种复杂的图案和纹理,增加了作品的艺术性和观赏性。编和编帽技法则多用于制作立体的编织物,如篮子、帽子等。通过立体的结构设计,编织工艺品不仅具有了实用性,还具备了独特的造型美感。编织技法的多样性使得设计师可以根据不同的设计需求,选择合适的技法来实现特定的创意表达。无论是简单的平纹编织,还是复杂的花纹编织,每一种技法都能赋予作品独特的质感和视觉效果。

图2-19　编织技法

2）包缠

包缠技法（见图2-20）是一种通过将某一原料作为芯条，再以其他原料包裹、缠绕于芯条之上，形成所需造型和花纹的技法，主要包括包缠、缠扣、棒扣等形式。包缠形式的核心在于通过不同材料的组合，创造出丰富的纹理和立体感，多用于制作大型的编织物，如家具和装饰品，通过大面积的包裹，形成厚重而富有层次感的作品。缠扣形式常用于制作小型装饰品，通过细致的缠绕，形成精美的图案和结构。棒扣形式则通过在芯条上缠绕不同颜色和材质的线条，形成对比鲜明的图案效果。包缠技法的灵活性使得设计师可以根据材料的特性和设计需求，创造出多样化的作品。通过对材料的巧妙运用，包缠技法不仅增强了作品的视觉冲击力，还提升了其艺术价值。

3）钉串

钉串技法（见图2-21）是一种通过针线或其他原料将两部分编织原料或半成品钉合成一体的技法。钉是将材料固定在一起，形成完整的器物；串则是将材料拢合，但不完全连接在一起。钉串技法在编织工艺中具有重要的实用价值，常用于制作需要固定结构的编织物，如家具和大型装饰品。通过钉合，作品的结构更加稳固，能够承受更大的重量和压力。串技法则多用于制作需要灵活性的作品，如挂饰和装饰品，通过松散的连接，赋予作品更多的动感和变化。钉串技法的应用不仅增强了作品的实用性，还为设计师提供了更多的创作空间。通过对钉串技法的巧妙运用，设计师可以在作品中实现结构与美感的完美结合。

图2-20　包缠技法

图2-21　钉串技法

4）盘结

盘结技法（见图2-22）是一种结合经纬形式和包缠、结扣的编织技法，其将不同的编织技法结合在一起，从而形成复杂的结构和图案。盘结技法常用于制作具有高度艺术性的编织物，如艺术装置和高端装饰品。通过经纬线的交错排列，形成作品稳定的结构；通过包缠和结扣，增加作品的层次感和立体感。盘结技法的复杂性使得设计师可以在作品中实现丰富的视觉效果和艺术表达。通过对不同技法的灵活运用，盘结技法不仅增强了作品的艺术性，还提升了其观赏价值。设计师可以根据作品的主题和风格，选择合适的盘结技法，创造出既具美感又具实用性的编织工艺品。

图 2-22　盘结技法

5) 不同编织技法的艺术体现

(1) 在原料上。

编织工艺品的原料选择直接影响到作品的质感和视觉效果。传统的编织工艺品多采用天然材料,如玉米皮、麦秸、柳条、麻等。这些材料不仅易于获取,而且天然具有浅黄、浅棕、乳白等色彩,赋予作品自然素质的美感和淳朴的艺术享受。玉米皮和麦秸因其柔韧性和可塑性,常用于制作细致的编织物,如篮子和装饰品。柳条则因其坚韧性和弹性,适合制作大型的编织结构,如家具和屏风。麻材料则以其耐用性和独特的纹理,广泛应用于各种编织工艺品中。这些天然材料不仅环保,还能通过其独特的质感和色彩,传达出一种自然、和谐的美感,深受人们的喜爱。

(2) 在工艺上。

编织工艺的多样性体现在其丰富的技法上,包括编织、包缠、钉串等。这些技法通过不同的组合和应用,能够创出丰富多彩的花纹和造型。编织技法是最基本的,通过经纬线的交错排列,形成平整或立体的织物表面。包缠技法则通过将材料缠绕在一起,形成复杂的纹理和结构,常用于制作装饰性强的编织物。钉串技法通过将材料固定或串联在一起,增强了作品的结构稳定性和视觉层次感。这些技法的灵活运用,使得编织工艺品不仅具有实用性,还具备了高度的艺术性和观赏性。设计师可以根据不同的设计需求,选择合适的技法,创造出独特的编织工艺品。

(3) 在装饰方法上。

编织工艺品的装饰方法多样,常结合布贴、刺绣、蓝印花布、绒绣等工艺,使作品更加多彩和富有层次感。布贴工艺通过将不同颜色和图案的布料贴附在编织物上,增加了作品的视觉变化和艺术表现力。刺绣工艺则通过在编织物上绣制图案和文字,强化了作品的细节。蓝印花布和绒绣工艺则通过色彩和纹理的对比,赋予作品独特的民族风格和文化内涵。这些装饰方法的结合,使得编织工艺品不仅具有实用价值,还能成为艺术欣赏的对象。设计师可以通过对装饰方法的创新应用,来提升作品的艺术价值和市场竞争力。

(4) 在色彩上。

编织工艺品的色彩运用讲究调和与对比,常以乳白、咖啡、浅绿、浅土黄、灰绿、浅蓝等中间色、调和色为主。这些色彩柔和而不失活力,能够与各种环境和风格相协调,显示出典雅、朴素的艺术特色。在色彩搭配上,设计师常在小面积上运用对比色,以增强作品的视觉冲击力和层次感。例如,在浅色的编织物上加入少量的深色或亮色,能够形成鲜明的对比效果,吸引观者的注意力。这种既调和又对比的色彩运用,使得编织工艺品在视觉上更加丰富和生动,提升了其艺术表现力和市场吸引力。设计师可以通过对色彩的巧妙运用,创造出既具美感又具实用性的编织工艺品。

二、材料与技术的融合

在立体构成的实践中,材料与技术是实现创意的关键。设计师需要根据设计的需求,选择合适的材料和技术,并进行大胆的创新尝试和探索。

1. 材料与技术的匹配

在设计创作过程中,材料与技术的匹配性是设计师必须考虑的关键因素。材料的选择直接影响设计的可行性、功能性和美观性,而技术的应用则决定了材料的加工方式和最终呈现效果。不同材料具有各自独特的物理和化学特性,因此需要采用合适的加工技术,以充分发挥材料的优势并实现设计目标。柔软的布料,如棉、丝绸、羊毛等,因其柔韧性和可塑性,通常适合采用缝纫、编织、刺绣等手工技术进行加工。这些技术能够充分展现布料的质感和色彩,创造出丰富的纹理和图案,广泛应用于服装设计、家居装饰和艺术创作中。手工技术的灵活性和创造性,使得设计师能够根据设计需求进行个性化定制和创新。

坚硬的金属材料,如钢、铝、铜等,因其强度高和耐久性好,通常需要采用焊接、铸造、锻造等工业技术进行加工。焊接技术通过加热和熔化金属,实现不同金属部件的连接,广泛应用于建筑结构、机械制造和汽车工业中。铸造技术通过将熔融金属倒入模具中,形成复杂的形状和结构,适合大批量生产和复杂零件制造。锻造技术通过加热和锤击金属,改变其形状和性能,常用于制造高强度和高精度的零部件。

在材料与技术的匹配过程中,设计师需要综合考虑材料的特性、设计要求和技术条件。材料的选择不仅要满足设计的功能需求,还要考虑其可加工性、成本和可持续性。技术的应用则需要根据材料的特性和设计的复杂程度,选择合适的加工方法和设备,以确保设计的实现和质量。随着科技的进步和新材料的不断涌现,设计师将会面临材料选择和技术应用的范围越来越广泛的问题。复合材料、智能材料、生物材料等新型材料的出现,为设计师提供了更多的创作可能性和挑战。这些材料通常具有多功能性和可编程性,需要采用先进的加工技术,如3D打印、激光切割、纳米加工等,以实现其潜在价值。

设计师在创作过程中,需要不断学习和掌握最新的材料知识和加工技术,以应对快速变化的市场需求和技术发展。通过材料与技术的有效匹配,设计师能够创造出更具创新性和实用价值的设计作品,推动设计行业的持续发展和进步。材料与技术的匹配不仅是设计实现的基础,也是设计创新的重要驱动力。

2. 材料与技术的创新

在立体构成领域,材料与技术的创新是推动设计发展的重要驱动力。设计师通过对新材料的探索和对新技术的应用,能够创造出前所未有的作品,拓展设计的边界和可能性。材料与技术的创新不仅改变了设计的表现形式,也影响了设计的功能和用户体验。

新材料的探索为设计师提供了丰富的创作资源和灵感来源。智能材料、复合材料、生物材料等新型材料的出现,为设计师提供了多功能性和可编程性的可能。智能材料能够根据外界环境的变化,如温度、光线、湿度等,自动调整其物理或化学性质。这种特性使得设计师能够创造出响应环境变化的互动作品,增强设计的动态性和互动性。例如,利用热敏材料设计的服装可以根据体温变化调整颜色和图案,从而提供个性化的穿着体验。传感器技术的应用进一步推动了材料与技术的创新。通过将传感器嵌入设计作品中,设计师可以实现对环境信息的实时监测和反馈,增强作品的互动性和智能化。传感器技术与智能材料的结合,使得设计作品能够与用户进行更为自然和直观的互动。例如,利用压力传感器和智能材料设计的家具,可以根据用户的坐姿和体重自动调整形状和硬度,提高使用舒适度和使用体验。

3D打印技术作为一种创新的制造技术,为材料与技术的创新提供了新的可能。3D打印技术能够将数字模型直接转化为实物,支持多种材料的打印和复杂结构的制造。设计师可以利用3D打印技术探索新材料的应用,创造出复杂的几何形态和结构,突破传统制造工艺的限制。例如,利用3D打印技术和生物材料设计的建筑结构,可以实现轻质高强度和可持续发展的目标。材料与技术的创新不仅在设计表现上带来了突破,也对设计流程和商业模式产生了深远影响。设计师可以通过数字化工具和平台,进行跨学科和跨领域的合作,推动设计的协同创新和开放创新。新材料和新技术的应用,使得设计师能够快速响应市场需求和用户反馈,进行快速迭代和优化,提高设计的效率和质量。

在未来,随着科技的不断进步和市场需求的变化,材料与技术的创新将继续推动设计行业的发展和变革。设计师需要不断学习和掌握最新的材料知识和技术应用,以应对快速变化的市场环境和技术挑战。通过材料与技术的创新,设计师能够创造出更具创意和价值的设计作品,为全球设计行业注入新的活力和动力。材料与技术的创新不仅是设计发展的重要动力,也是设计创新的重要驱动力,为设计行业的持续发展和进步提供了坚实的基础。

3. 材料与技术的美学

在立体构成中,材料与技术的美学是设计师需要关注的重要方面。材料不仅是设计的基础元素,也是设计师表达创意和实现功能的媒介。材料的质感、色彩、光泽等美学特性直接影响着设计作品的视觉效果和触觉体验。设计师在选择材料时,需要综合考虑这些美学特性,以确保作品在视觉上具有吸引力,同时在触觉上也能带来愉悦的体验。材料的质感是指材料表面的物理特性,它可以是光滑的、粗糙的、柔软的或坚硬的。质感不仅影响视觉感知,还影响触觉体验。在立体构成中,设计师可以通过不同质感的材料组合,创造出丰富的视觉层次和触觉对比。例如,在建筑设计中,光滑的大理石与粗糙的混凝土结合,可以营造出一种现代与自然的对比美感;在服装设计中,丝绸的柔滑与羊毛的温暖结合,可以创造出既奢华又舒适的穿着体验。

色彩是材料美学特性中最直观的表现。不同的色彩组合可以传达不同的情感和氛围。在立体构成中,设计师需要对色彩的搭配有敏锐的感知能力,以创造出和谐美观的作品。色彩不仅影响视觉效果,还能影响人的心理感受。例如,明亮的色彩可以带来活力和愉悦,而柔和的色彩则可以营造宁静和舒适的氛围。在展示设计中,色彩的运用可以引导观众的视线,增强展览的主题表达和信息传递效果。

光泽是材料表面反射光线的能力,它可以影响材料的视觉效果和质感表现。在立体构成中,光泽的运用可以强化作品的视觉冲击力。例如,在产品设计中,高光泽的金属表面可以传达现代感和科技感,而亚光的表面则可以带来低调和内敛的美感。设计师需要根据作品的主题和风格,选择合适的光泽度,以达到最佳的视觉效果。在材料加工过程中,技术对美学特性的影响也是设计师需要关注的重点。不同的加工技术可以改变不同材料的质感、色彩和光泽,从而影响作品的整体美学表现。例如,激光切割技术可以在材料表面创造出精细的图案和纹理,增强作品的视觉细节和艺术表现力。3D打印技术则可以实现复杂的形态和结构,为设计师提供更多的创作可能。

在立体构成中,设计师需要对材料与技术美学有深入的理解,以创造出具有独特审美价值的作品。通过对材料特性的敏锐感知和对技术的巧妙运用,设计师可以在作品中实现形式与功能的完美结合,创造出既符合现代审美趋势,又具有实用价值的设计作品。材料与技术的美学不仅提升了设计作品的视觉吸引力,也为设计师在现代设计领域的创新提供了广阔的空间。

随着新材料和新技术的不断涌现,设计师需要不断学习和掌握这些新材料的特性,以便在设计中充分发挥其潜力。新材料的出现为立体构成提供了更多的创作空间,设计师可以通过对新材料进行探索,创造出更多具有创新性和时代感的作品。同时,设计师还需要考虑材料的可持续性和设计的生态影响,通过使用可再生材料和环保工艺,在立体构成中实现可持续发展的目标。总之,材料与技术的美学在立体构成中扮演着至关重要的角色。设计师通过对材料质感、色彩、光泽等美学特性的深入理解,以及对技术在加工过程中对材料美学特性的影响的把握,可以创造出具有独特审美价值的作品。这不仅提升了设计作品的整体品质,也为设计师在现代设计领域的创新提供了无限的可能。

第三节　结语

立体构成作为现代设计的重要组成部分,承载着传统技艺与现代科技交汇与创新的任务。传统工艺如雕刻、锻造、编织等,蕴含着丰富的文化内涵和技艺精髓。在现代设计中,这些技艺通过与新材料和新技术的结合,焕发出新的生命力。设计师在继承传统的同时,注入现代元素,可使作品既保留传统的韵味,又具有现代的创新性。现代科技对立体构成的创作过程产生了深远影响。

Liti Goucheng

第三章

立体构成的实践应用案例

　　立体构成在现代设计中扮演着至关重要的角色,其应用案例遍布各个设计领域,展示了其在解决实际设计问题中的独特价值。通过分析这些成功的实践应用案例,可以更好地理解立体构成如何提升设计作品的整体品质。

　　在建筑设计中,立体构成的应用体现在对空间的创新性利用和形态的独特表达方面。建筑师通过立体构成的原理,创造出具有视觉冲击力和功能性的建筑作品。例如,某些现代建筑通过复杂的几何形态和空间组合,打破传统建筑的单一性,创造出具有动态感和层次感的空间体验。这种设计不仅提升了建筑的美学价值,还强化了其在城市景观中的标志性。

　　工业产品设计中,立体构成帮助设计师在产品的外观和功能之间找到最佳结合点。例如,一些创新的家具设计通过立体构成实现了形态的多样性和功能的多重性,使得产品在使用中更加灵活和便捷。

　　展示设计中,立体构成的应用使得展览空间不仅是展品的陈列场所,更是一种艺术的表达方式。通过立体构成,展示设计能够在有限的空间内实现无限的创意,提升观众的参与感和体验感。

　　服装设计中,立体构成的原理被用于立体裁剪技术。这种设计方法不仅提升了服装的美观性,还增强了其在市场上的竞争力。

　　立体构成在现代艺术中的应用也不容忽视。通过立体构成,艺术家能够在三维空间中自由表达创意,创造出既具有艺术价值又引发观众思考的作品。

　　立体构成的实践应用案例展示了其在现代设计中的广泛应用和重要性。通过这些案例分析,可以看到立体构成如何在不同的设计领域中解决实际问题,提升设计作品的整体品质。设计师通过立体构成,不仅能够实现形式与功能的完美结合,还能在设计中融入创新和个性化的元素,创造出具有时代意义和审美价值的作品。立体构成作为一种设计方法和思维方式,将继续推动现代设计的发展,为设计师提供无限的创作可能。

第一节　工业设计案例

1. BT Reflex E 系列前移式叉车

　　Toyota Material Handling Europe 设计的 BT Reflex E 系列前移式叉车(见图 3-1),以其创新的设计和功能,在物料搬运设备领域设定了全新的安全、人体工程学和能源效率标准。这款叉车拥有多项突破性特点,包括倾斜的座舱、360° 转向能力、交流动力系统、再生制动技术、过渡升力控制以及综合远程信息处理系统。BT Reflex E 系列前移式叉车的倾斜驾驶室设计是其最显著的特点之一,这种设计可以降低驾驶员在重复性高级别应用中的紧张风险,提供更舒适的驾驶体验。此外,这款叉车还配备了智能锂离子能源包,这不仅提供了灵活的能源解决方案,还有助于降低运营成本和对环境的影响。

　　在驾驶体验方面,BT Reflex E 系列前移式叉车进行了显著的改进。重新设计的驾驶室提供了更加符合人体工程学的驾驶体验,包括带有手掌支撑的新型转向装置和新主控制台(见图 3-2),以及可选的高品质空气悬浮座椅,这些都极大地提升了驾驶员的舒适性和操作便利性。此外,大型彩色触摸屏显示器为驾驶员提供了直观的控制和交互体验,使得关键信息的读取和可编程功能的访问变得更加简洁。BT Reflex E 系列前移式叉车还集成了远程信息处理系统，这使得叉车能够与丰田的 I_Site 轻松连接，提高操作安全性和整体性能，同时降低成本。这款叉车的智能能源包和联网功能，使其在物料搬运设备领域中独树一帜，成了高效、安全和环保的典范。

图 3-1　BT Reflex E 系列前移式叉车

图 3-2　手掌支撑的新型转向装置和新主控制台

BT Reflex E 系列前移式叉车的设计和功能,不仅体现了丰田在物料搬运设备领域的创新精神,也展示了其对提高操作安全性、人体工程学和能源效率的持续追求。这些特点使得 BT Reflex E 系列前移式叉车在物料搬运设备市场中占据了领先地位,并为未来的物料搬运解决方案提供了新的方向。

2. 纸质剃须刀

由贝印公司设计的纸质剃须刀 "PAPER RAZORTM"(见图 3-3),是全球首款主要由纸和金属制成的一次性剃须刀,这一创新设计显著减少了塑料的使用,为环境保护作出了贡献。这款剃须刀的手柄和支架部分完全由纸张制成,而刀片部分则使用不锈钢。其 3 毫米的机身通过类似折纸的折叠工艺组装而成,重量仅为 4 克,非常轻便。所选用的纸张具有适度的厚度,不仅防水,而且在剃须时能够保持高度的稳定性和安全性。由于是一次性使用的产品,用户可以随时享受清洁和舒适的剃须体验,而不必担心细菌的滋生。

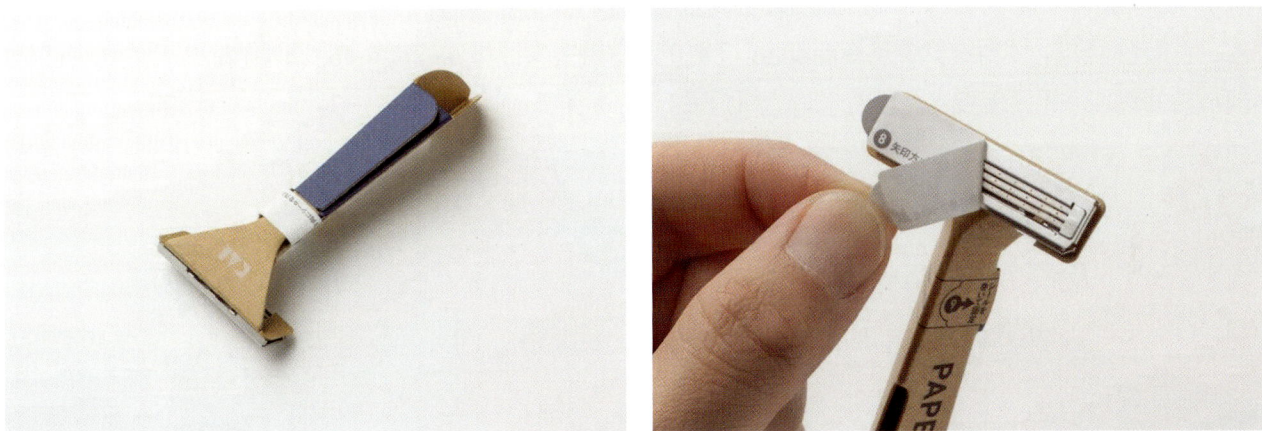

图 3-3　纸质剃须刀 "PAPER RAZORTM"

"PAPER RAZORTM" 的设计灵感来源于日本传统的折纸艺术,以及牛奶纸盒等一次性纸质餐具的防水特性。它的包装设计也十分精巧,扁平化的设计不仅便于携带,还大大减少了运输成本。此外,这款剃须刀提供了多种颜色,包括海洋蓝、番红花红、翡翠绿、阳光黄和沙地白等,以满足不同用户的个性化需求。与常规的塑料剃须刀相比,"PAPER RAZORTM" 减少了 98% 的塑料使用,这对减少环境中的塑料污染具有重要意义。它的问世,不仅体现了贝印公司对可持续发展的承诺,也为消费者提供了一个更加环保的选择。这款剃须刀在 2021 年世界地球日(4 月 22 日)正式向公众发售,标志着贝印公司在环保剃须刀领域迈出了重要的一步。

3.YiBrick 再生陶瓷透水砖

YiBrick 再生陶瓷透水砖(见图 3-4)是由祎祎环保科技有限公司设计的一款创新产品,它在海绵城市建设中发挥着重要作用。这款透水砖的 90% 使用的是回收陶瓷材料,不仅减轻了对环境的负担,还改善了生态环境和生物多样性。YiBrick 的设计初衷是解决中国每年产生的 1800 万吨不可降解的陶瓷废料问题。这些废料往往被非法丢弃,对环境造成了严重的影响。YiBrick 的创始人尹一和郑祎通过研发,成功地将这些废料转化为高质量的建筑材料,实现了资源的循环再生。

YiBrick 透水砖的性能优于市面上常见的透水砖,它更透水、更坚固、更轻,而且不含有水泥等非环保物质。这种透水砖可以作为海绵城市的路面材料,有助于缓解内涝问题、水资源短缺和城市热岛效应。

YiBrick 的生产过程还体现了极高的材料利用率,达到了 100% 的回收材料利用率。这种可循环再生的产品比传统的透水砖性能更强,而且不需要使用水泥,可以不断地回收再利用,为陶瓷行业的绿色低碳循环发展提供了新的可能性。此外,YiBrick 的设计理念还得到了国际认可,其产品成功摘得了 2022 年 iF 设计奖金质奖。这一荣誉不仅证明了 YiBrick 在设计和环保方面的卓越成就,也展示了其在海绵城市建设中的重要作用和广阔的市场前景。

YiBrick 的成功案例展示了立体构成在工业设计中的应用,通过创新的材料使用和设计方法,不仅提升了产品的功能性和美观性,也为环境保护和资源再生提供了新的解决方案。这种创新的设计理念和实践,为工业设计领域提供了宝贵的经验和启示。

4.TT10 TechnoAlpin Fan Gun 塔式造雪机

TT10 TechnoAlpin Fan Gun 塔式造雪机(后简称"TT10 造雪机")(见图 3-5)是 TechnoAlpin Spa 的创新之作,代表了世界上第一个真正的塔式造雪机。这款造雪机以其优雅的外观和可倾斜塔设计而著称,允许使用所有组件,为滑雪场提供了高效且易于维护的造雪解决方案。TT10 造雪机的设计突破了传统造雪机的局限,其塔架结构是机器本身的一部分,各个组件直接内置在机器中。这种设计不仅提高了造雪效率,还简化了维护工作。新型塔架可以轻松放倒,使得维护更加便捷安全。TT10 造雪机能保证最佳的雪质、资源利用的充分性和极佳的操作便利性,拥有独一无二的技术和前所未有的简约感。

图 3-4　YiBrick 再生陶瓷透水砖　　　　图 3-5　TT10 TechnoAlpin Fan Gun 塔式造雪机

这款造雪机的推出,为造雪市场带来了翻天覆地的变化。TT10 造雪机不仅在技术上有所创新,还在设计上展现了现代工业美学。它的成功应用,展示了立体构成在工业设计中的应用,通过立体构成的手法,创造出具有强烈空间感和立体感的产品,不仅提升了产品的视觉效果,也增加了用户的互动体验。TT10 造雪机的市场反响强烈,全球安装了近 350 台该款机器。2022 年,这一数字再一次大幅增长,共有 730 多台全新 TT10 造雪机在全球多个国家和地区的滑雪道上高速运转,保障用雪安全。特别是在意大利本土市场,这款机器完全征服了客户,228 台样机在意大利找到了主人。

TechnoAlpin Spa 的 TT10 造雪机的成功,不仅在于其技术创新,还在于其对市场需求的深刻理解和对产品美学的不懈追求。这款造雪机的设计理念和功能特点,使其成了滑雪场造雪设备的理想选择,同时也为立体构成在工业设计中的应用提供了一个优秀的案例。

第二节　建筑设计案例

立体构成在建筑设计中的应用案例非常丰富，以下是一些具体的案例。

1. 东方明珠广播电视塔

东方明珠广播电视塔（见图 3-6）是一个集美学、结构创新和功能性于一体的杰出工业设计案例。这座塔的设计和建造过程中，采用了立体构成的手法，将 3 个主要的球体构件——下球体、上球体和太空舱，以及 5 个小球体，巧妙地组合在一起，形成了一个相互独立但又紧密联系的整体。东方明珠广播电视塔的主体结构高 350 米，总高度达到 468 米，总建筑面积达 10 万平方米。塔身由 3 根斜撑、3 根立柱及广场、塔座、下球体、5 个小球体、上球体、太空舱、发射天线桅杆等构成。这种设计不仅在外观上具有很强的视觉冲击力，而且在结构上也非常坚固可靠，能够抵御 12 级台风、9 级地震。塔的三个主要球体结构分别悬挂在塔身距离地面 112 米、295 米和 350 米的高空，营造出"大珠小珠落玉盘"的意境。

这种设计不仅美观，而且还具有非常好的结构稳定性。电视塔总高度虽达到 468 米，却没占用多少土地面积，节约了土地，节省了投资，提高了安全系数。此外，东方明珠广播电视塔的发射天线桅杆长 110 米，具有发射 9 套电视和 10 套调频广播节目的能力，能够覆盖整个上海市及邻近省份 80 千米半径范围内的地区，建成后大幅度地改善了收听、收视质量。

东方明珠广播电视塔的建筑工艺也非常先进，建造过程中创造性地使用了许多施工新工艺，如地下 20 米深基础施工、350 米高直筒体施工、93 米高斜筒体施工、竖向 307 米长预应力钢绞线张拉、350 米高混凝土泵送、塔身垂直度偏差控制、高垂直运输起重、钢结构球体吊装施工和 450 吨钢桅杆天线就位安装等。这座电视塔不仅是上海的标志性建筑，也是工业设计中立体构成应用的一个经典案例，展示了现代科技与东方文化的完美结合。

2. 广州塔

广州塔（见图 3-7），又称"小蛮腰"，是一座集美学、结构创新和功能性于一体的杰出工业设计案例。它位于广州市中心，城市新中轴线与珠江景观轴交会处。广州塔的建筑总高度为 600 米，其中主塔体高 454 米，天线桅杆高 146 米。广州塔的设计采用了创新的立体构成手法，将圆柱形的构件和椭圆形的构件组合在一起，形成了一个非常独特的立体形态。塔身设计的最终方案为椭圆形的渐变网格结构，其造型、空间和结构由两个向上旋转的椭圆形钢外壳变化生成，一个在基础平面，一个在假想的 454 米高的平面上，两个椭圆彼此扭转 135 度，在腰部收缩变细，形成了独特的"小蛮腰"造型。这个建筑的设计不仅美观，而且还具有非常好的结构稳定性和抗风能力。广州塔的镂空外形经过抗风专家的巧妙设计，不仅没有成为影响建筑安全的缺点，反而是一个有益于结构抗风的优点。由于透风性能好，所以受到的风力会比较小。镂空的形式同样大大降低了建筑物的自重，使得广州塔在面临地震时能够以更轻盈的姿态应对，抗震能力得到了较大的提升。

图 3-6　东方明珠广播电视塔

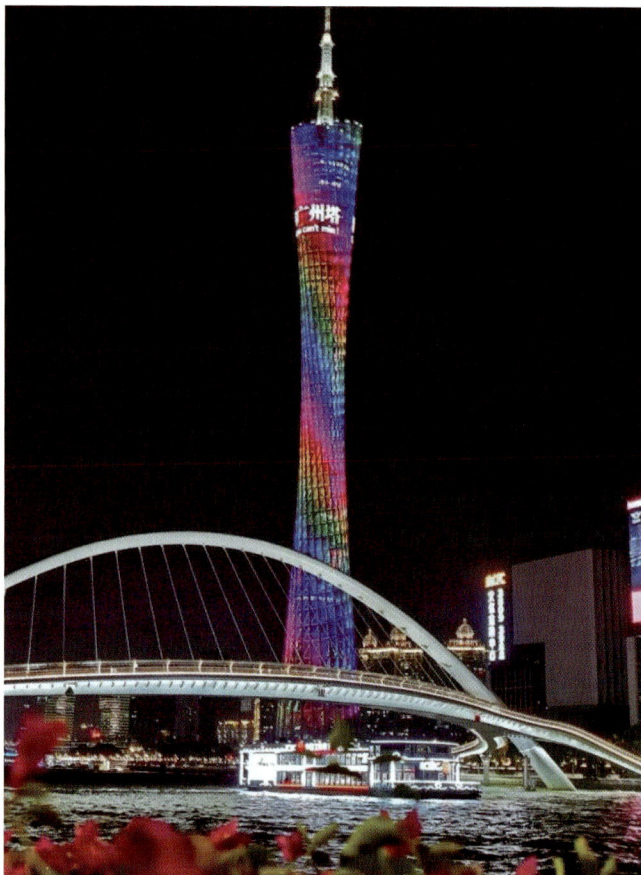

图 3-7　广州塔

　　广州塔能够抵御 7.8 度烈度地震和 12 级台风,这得益于其精巧的结构设计。在塔身的顶层,安装了两个各 540 吨的铁质"大球",它们既是"抗风神器"阻尼器,也可以充当消防水箱,一举两得。当塔身晃动时,水箱受计算机控制向反方向滑动以消除塔身的晃动。此外,塔顶的信号发射塔尖还额外采用了两个 18 吨的"小"钢球,同样作为钟摆式的阻尼以减弱天线的振动。总的来说,广州塔的设计和建造过程中,立体构成的手法被运用到了极致,不仅在外观上具有很强的视觉冲击力,而且在结构上也非常坚固可靠,展示了现代科技与设计美学的完美结合。

3. 巴黎卢浮宫三角翼扩建工程

　　巴黎卢浮宫(见图 3-8)的三角翼扩建工程,也被称为大卢浮宫计划(Grand Louvre Modernization),是由著名建筑师贝聿铭设计的。在这个项目的设计和建造过程中,贝聿铭运用了立体构成的手法,特别是通过将三角形的构件组合在一起,形成了一个具有独特形态的建筑。这个扩建工程的核心是一个巨大的玻璃金字塔,它位于拿破仑庭院的中心,作为新的主入口,提供了通往博物馆三翼画廊的直接通道。金字塔的设计不仅美观,而且还具有非常好的结构稳定性。金字塔由 603 片菱形玻璃和 70 片三角形玻璃覆盖,支撑玻璃表面的金属结构由钢和铝制成,重达 200 吨。

　　金字塔的建造有着极大的难度,贝聿铭要求玻璃必须是安全系数极高的、完全平面的、完全透明的,以确保从金字塔内部仰望卢浮宫外部建筑时没有任何变形,也不会因为玻璃而变色。金字塔的石板地面和混凝土天花板也同样考究,贝聿铭要求使用与华盛顿的博物馆一模一样的特殊混凝土。

图 3-8　巴黎卢浮宫

　　结构的高透明度是通过最小化桁架组件的直径而实现的。拉伸构件由非常薄的高强度材料制成，而压缩构件由屈曲控制，其轮廓的细长度受到限制。结构设计的独创性主要在于使用张拉桁架系统来补偿风吸力对金字塔某些表面的影响。预应力索系统允许将这一原理应用于所有较低的和弦及十字形排列的对角线。这个设计在最初公布时引起了巨大的争议，但随着时间的推移，玻璃金字塔已经成为巴黎乃至世界的标志，与埃菲尔铁塔一样重要，成为卢浮宫乃至巴黎不可分割的实体的一部分。

4. 格里特·里特维尔德的施罗德住宅

　　格里特·里特维尔德的施罗德住宅（见图 3-9）是现代建筑史上的一个标志性作品，也是荷兰风格派（De Stijl）运动在建筑领域的建成作品。这座住宅位于荷兰乌得勒支，由里特维尔德为特卢斯·施罗德 - 施雷德夫人及其三个孩子所建，建于 1924 年，并于 2000 年被联合国教科文组织列入世界遗产名录。施罗德住宅的设计体现了立体构成的设计理念，通过使用简单的几何形状和纯粹的线条与色彩，创造了一个具有现代感和空间感的居住环境。住宅的内部布局是一个动态的、可变的开放空间，而不是传统的房间堆积。上层空间除卫生间和浴室有隔墙外，其余空间完全开放，房间的划分与隔离通过滑动和旋转门板系统实现。

　　建筑的外部特点是大面积的几何图形，由不同大小和宽度的矩形组成，整齐排列的大片玻璃窗，能更好地吸收外界的自然光线。简单纯粹的色彩强调了建筑的功能性，而几乎没有装饰的建筑表面给人一种平静的感觉。这种设计打破了空间中物体的孤立状态，倡导空间中的自由独立的空间，这种大面积中切割小面积的结构与蒙德里安的《红黄蓝》油画不谋而合，功能分区也非常明确。施罗德住宅的设计不仅在视觉上创造了强烈的对比和深刻的印象，而且在空间上提供了一个内省和沉思的环境。它通过立体构成的设计手法，创造了一个既美观又实用的居住空间，成为现代建筑中一个非常重要和有影响力的作品。

5. 安藤忠雄的光之教堂

　　安藤忠雄的光之教堂（见图 3-10）是其建筑哲学的杰出代表，通过立体构成的设计手法，安藤忠雄创造了一个充满神圣感和神秘感的空间。光之教堂位于日本大阪市 25 千米外的茨木市，竣工于 1989 年，是对原有基督教院落的翻新。教堂的设计体现了安藤忠雄在自然与建筑间构建的哲学框架，通过光与混凝土结构的交互，定义并创造新的空间感。在立体构成上,光之教堂采用了极简主义的设计,在一个简单纯粹的方盒子形体中插入一个L形的折墙。这个折墙面不仅高效简洁地整理了教堂出入的流线,还对空间进行了分隔,保持了礼拜空间的完整性。划分出的三角空间成为入口,完成了周围环境和内部空间的过渡,同时也引导进入的流线到正中央,让教徒能够直面光之十字,感受到神圣肃穆。

图 3-9　施罗德住宅

图 3-10　安藤忠雄的光之教堂

　　光之教堂的东面墙上的十字架是教堂中唯一突出的宗教象征,它允许自然光线渗透进来,将室内混凝土墙去材质化,从一个黑色体块变为一个发光的盒子。光之教堂的光线与混凝土的结合有一种超现实的效果,在感官上去除了材质,由暗至明,从而延展出空间。此外,光之教堂的内部设计也体现了安藤忠雄对于平等的重视。他提到,与传统教堂中祭坛位于高台之上不同,光之教堂中牧师与教徒人人平等,台阶是往下走的,这样站着的牧师与坐着的教徒一样高,消除了不平等的心理,这才是光之教堂的精华。

　　光之教堂的立体构成和设计手法,不仅在视觉上创造了强烈的对比和深刻的印象,也在精神层面上提供了一个内省和沉思的空间,使其成为现代建筑中一个非常重要和有影响力的作品。

6.雷姆·库哈斯的波尔多住宅

雷姆·库哈斯的波尔多住宅（见图3-11）是一个充满创新和挑战的项目,它不仅体现了库哈斯对现代居住空间的深刻理解,也展示了他在立体构成上的巧妙运用。这座住宅位于法国波尔多市郊,由荷兰建筑师雷姆·库哈斯及其事务所 OMA 于 1994 年设计,1998 年竣工。波尔多住宅的设计概念是将三座房子叠在一起,形成了一个多层次的居住空间。建筑主体是一个悬空的盒子,最上方是卧室,下方是客厅,四边围着玻璃墙。这种设计不仅提供了居住空间的私密性,而且透明的玻璃墙还为会客空间提供了开放性和公共性。

图 3-11　雷姆·库哈斯的波尔多住宅

这座住宅的特别之处在于,它是为了适应房主在车祸后使用轮椅的生活方式而设计的。库哈斯将房主的轮椅状态转化为设计的核心点,通过在房屋中央设置一个 3.5m×3m 的电动升降平台,使得房主可以自由地在不同楼层间移动,无论是去地窖、厨房还是楼上的卧室。波尔多住宅的底层利用山体坡度,像挖山洞一样挖出了一个个房间,包括洗衣房、酒窖、储藏室等。这些空间半开放,一面玻璃墙自然采光,其他三面被厚厚的实体墙封闭,形成了一个私密而有趣的居住环境。中间层是一个透明的玻璃盒,它的面积只有底层的 2/3,使得混凝土结构的顶层像盒子一般悬浮在山顶。这个设计不仅在视觉上创造了强烈的对比,也在功能上提供了一个开阔的起居室,模糊了室内与室外的界限。

波尔多住宅的设计展现了库哈斯对于空间、结构和功能的深刻理解。通过立体构成的设计手法,库哈斯不仅创造了一个适应房主特殊需求的居住空间,也创造了一个具有现代感和未来感的建筑作品。

这些案例展示了立体构成在建筑设计中的应用,通过巧妙地组合不同形状的构件,可以创造出非常独特的建筑形态,同时也可以保证建筑的结构稳定性和可靠性。

第三节　服装设计案例

立体构成在服装设计中的应用非常广泛,涉及服装的形态创造、材料选择和视觉表现。以下是一些具体的应用案例。

1. Iris Van Herpen

Iris Van Herpen,这位荷兰设计师以其在立体构成上的革新手法和对 3D 打印技术的先锋运用,在国际时尚界享有盛誉。她的设计作品常常融合了生物材质和科技元素,创造出一种超越传统时装的未来感。Van Herpen 的每一季作品都像是一次对时尚边界的探索,她将科学、艺术与时尚设计巧妙结合,打造出可以穿戴的艺术品。

在 2019 年春夏高定系列(见图 3-12)中, Van Herpen 利用 3D 打印技术,创作出一系列层次丰富且具有立体感的服装。这些服装不仅保持了轻盈和流动感,而且在细节上隐藏着人脸轮廓的设计,展现了丰富的色彩和层次感。她的这些设计不仅仅是服装,更像是雕塑,每一件作品都展现了她对形态和结构的深刻理解。同年的秋冬高定系列, Van Herpen 以"催眠"为主题,与美国艺术家 Anthony Howe 的合作,将服装与动态装置相结合,呈现出一种迷幻的未来科技感。这些服装在风的作用下,如同活生生的生物在舞动,展现了服装与环境互动的可能性。

图 3-12　2019 年春夏高定系列

续图 3-12

2020 春夏高定系列 "Sensory Seas"，则是 Van Herpen 对海洋和人类神经系统的一次深入探索。她将科学与艺术相结合，展现了对海洋生物和合成生物学的深刻理解。这个系列中，她使用了多种材料和技术，包括 3D 打印和激光切割，将时装创造出如同海洋生物般的形态和纹理，让人仿佛置身于一个充满未知的海底世界。此外，Van Herpen 还与劳斯莱斯合作，推出了 "Phantom Syntopia" 项目，这是她 2018 秋冬高定系列 "Syntopia" 的延伸。在这个项目中，她探索了合成生物学和有机与无机物质的交融，创造出一种全新的设计语言。这个项目不仅是一次技术上的挑战，也是对时尚与科技融合的一次大胆尝试。

Van Herpen 的设计作品经常在博物馆展出，如大都会博物馆展出的 "骨骼裙" 就是她全 3D 打印技术的代表作。这件白色聚酰胺连身裙，以其独特的形态和结构，展现了她在立体构成和创新材料应用上的卓越才能。她的每一件作品都是对传统时装设计的挑战，也是对未来时尚趋势的预示。

Van Herpen 的设计不仅仅是时尚界的一次革新，更是对人类创造力的一次展示。她的作品不断推动着时尚界的边界，让我们看到了时尚与科技、艺术与自然之间无限的可能性。通过她的努力，我们得以窥见一个更加多元和创新的时尚未来。

2. Viktor & Rolf

Viktor Horsting 和 Rolf Snoeren，这两位荷兰设计师创立的品牌 Viktor & Rolf，在时尚界中以其独特的立体构成手法和超现实主义风格而闻名。在 2016 年春夏高定系列中，他们将立体肖像派超现实主义发挥得淋漓尽致，夸张的 3D 设计让人记忆犹新。这个系列中，设计师们从女子网球裙入手，以纯白主色调搭配立体剪裁和浮雕设计，创造出仿佛雕塑苏醒般的服装。他们的设计不仅仅是服装，更像是可以穿戴的艺术品。在 Viktor & Rolf 的手中，服装变成了一种表达超现实主义美学的工具，他们利用服装的立体形态和空间感，创造出具有强烈视觉冲击力的作品。这些作品往往具有夸张的比例和体积，以及对传统服装形式的颠覆性解读。在他们的设计作品中，可以看到对古典雕塑的引用，以及对现代艺术的借鉴。他们设计的服装常常展现出一种雕塑般的质感，通过立体剪裁和结构设计，赋予了服装生命力和动态感。这种设计手法不仅在视觉上给人以强烈的冲击，也在穿着体验上提供了一种全新的感受。

Viktor & Rolf 的设计作品常常在时尚秀场上引起轰动，他们的设计理念和作品经常成为时尚评论家和艺术评论家讨论的焦点。

3. Comme des Garçons

    Comme des Garçons 在 2018 春夏高级成衣系列（见图 3-13）中，以其超现实主义的设计理念，给观众带来了一场视觉盛宴。设计师川久保玲（Rei Kawakubo）将多维印花技术运用到服装设计中（见图 3-14），将不同的文化元素和图案结合在一起，创造出独特的视觉效果。这个系列中，川久保玲以"多维涂鸦"为主题，将 11 位艺术家的作品呈现在了 15 款服装中。这些艺术家包括文艺复兴时期的朱塞佩·阿尔钦博托（Giuseppe Arcimboldo）和一些当代艺术家。超现实人像、少女漫画人物、玩具和电脑游戏场景等元素，与粗糙的拼布、喷漆涂鸦艺术，还有各种可爱的塑料、毛绒小玩具拼接在服装上，也装饰在模特们蓬松的卷发上，充满趣味。

图 3-13　Comme des Garçons 的 2018 春夏高级成衣系列　　　　图 3-14　运用多维印花技术的服装设计

    川久保玲的设计理念不仅仅局限于服装的实用性，她更注重通过服装传达深层次的文化和艺术内涵。在 2018 春夏高级成衣系列中，她模糊了艺术与时尚的界限，将服装变成了一种表达超现实主义美学的工具。这些作品往往具有夸张的比例和体积，以及对传统服装形式的颠覆性解读，为观众的理解增添了难度，但同时也提供了更多的想象空间。此外，川久保玲的这一季的设计作品中，还涉及了对现代社会的反思。她通过服装表达了对消费主义和商业主义的批判，同时也探讨了自我与他人、秩序与混沌、生命与失去等深刻的主题。这些服装让 2018 年的春夏热闹非凡，但其中却也藏着一些阴郁的部分，反映了川久保玲对时代问题的深刻洞察。

    总的来说，Comme des Garçons 的 2018 春夏高级成衣系列是一次对传统时装设计的挑战，也是对超现实主义艺术的一次大胆探索。川久保玲通过这一季的设计，不仅展示了她对时尚与艺术融合的深刻理解，也为观众提供了一次独特的审美体验。

4.Schiaparelli

Schiaparelli 的 2017 秋冬高级成衣系列是一次对超现实主义艺术风格的深刻致敬。创意总监 Bertrand Guyon 从超现实主义画家 Leonora Carrington 的作品中汲取灵感,将艺术与时尚的界限模糊,创造出一系列充满艺术感的服装设计。这个系列的服装采用了五线谱音符、拼图嵌片大衣、血色玫瑰等元素,展现了超现实主义的艺术风格,同时也体现了 Schiaparelli 品牌历史上与超现实主义艺术家合作的丰富传统。

Leonora Carrington 作为一位英国出生的墨西哥艺术家,是 20 世纪 30 年代超现实主义运动的参与者之一。她的作品以反映幻想、魔术、巫术、神秘学有关的主题为特征,这些元素在 Schiaparelli 的系列中得到了巧妙的体现。Carrington 的艺术风格与 Schiaparelli 的设计理念不谋而合,都倾向于通过作品展现人类隐藏和被禁锢的思想。

在 2017 秋冬高级成衣系列中,Schiaparelli 的设计团队巧妙地将这些超现实主义元素融入现代时装设计中。例如,服装上的五线谱音符和拼图嵌片大衣,不仅增加了视觉冲击力,也体现了超现实主义对梦境和无意识的探索。血色玫瑰的运用则增添了一丝神秘和浪漫的气息,与 Carrington 作品中的魔幻离奇的故事相呼应。此外,Schiaparelli 的这个系列还展示了品牌对细节的极致追求。从服装的剪裁到装饰,每一件作品都如同精心制作的艺术品,体现了设计师对超现实主义美学的深刻理解和独到见解。这个系列不仅是对 Leonora Carrington 的致敬,也是对 Schiaparelli 品牌历史中那些大胆奇异探索的一次回顾和致敬。

超现实主义服装设计如图 3-15 所示。

图 3-15　超现实主义服装设计

这些案例展示了立体构成在服装设计中的多样性和创新性,设计师们通过不同的材料和技术,将立体构成的原理应用到服装创作中,创造出独特的视觉效果和穿着体验。

服装设计专业立体构成作业如图 3-16 所示。

图 3-16　服装设计专业立体构成作业

续图 3-16

第四章
立体构成作品的创意与赏析

本章将深入探讨立体构成作品的创意,分析基础元素在立体构成中的运用,探索仿生学和复合式构成在立体造型中的创意,并通过赏析学生作品与专业设计案例,理解立体构成在实践中的应用。

第一节 元素构成的表现形式

一、元素构成的表现形式

立体构成的基础元素包括点、线、面、体等,它们是构成三维空间的基本形态语言。在立体构成中,这些基础元素不仅仅是形状和空间的表达,更是设计师创意思维的起点。

基于立体构成的城市雕塑如图 4-1 所示。

图 4-1 基于立体构成的城市雕塑

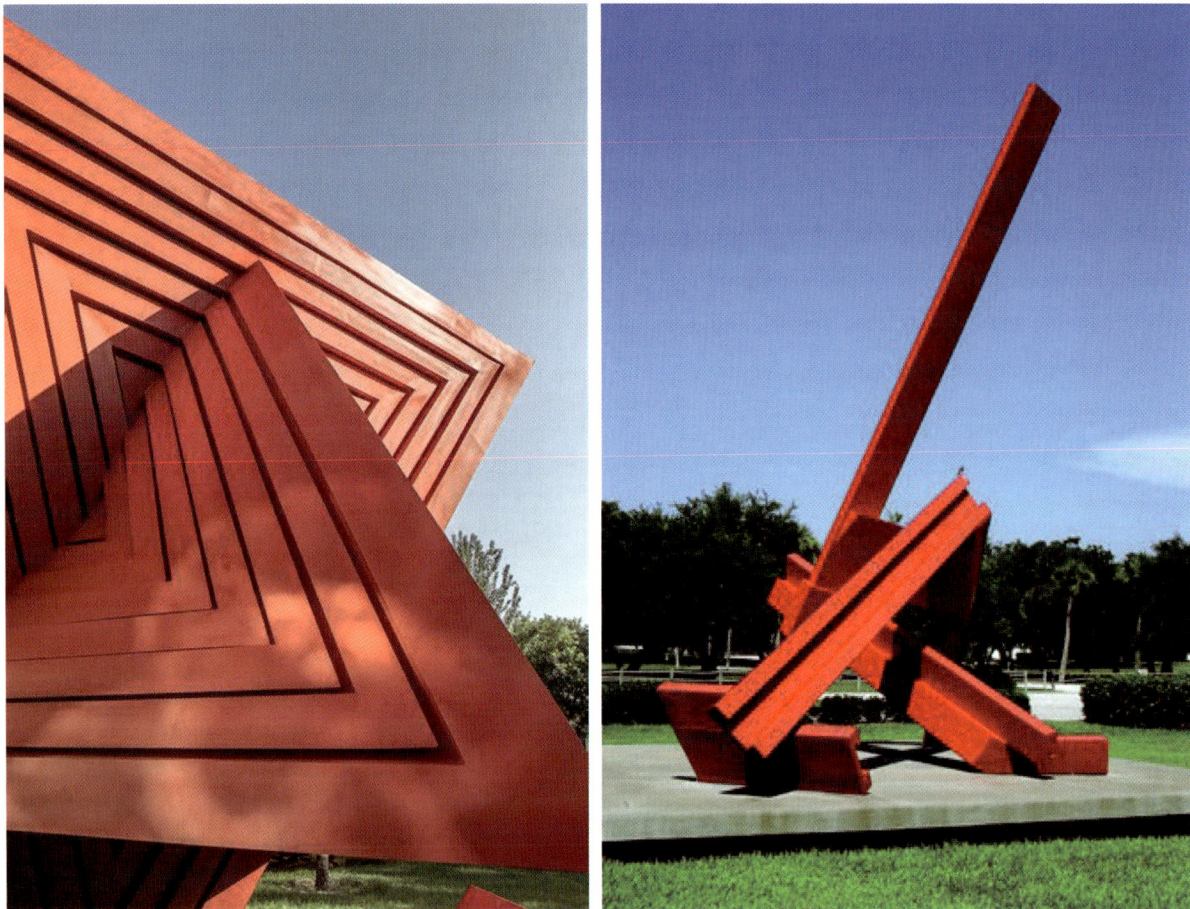

续图 4-1

1. 点的运用

在立体构成中,点作为最基础的视觉元素(见图 4-2),具有独特的表现力和多样的应用方式。点可以是实体的,如雕塑中的小球体,也可以是虚拟的,如空间中的焦点。点的运用在设计中扮演着重要角色,通过其位置、大小和数量的变化,设计师能够创造出丰富的视觉效果,吸引观者的视线,成为视觉的中心。 点在立体构成中的表现不仅限于其物理存在,更在于其在空间中的相对性。点的大小、数量和位置相对于周围环境的变化,决定了其在视觉上的强弱。例如,在一个复杂的场景中,一个简单而突出的点能够迅速吸引注意力,成为视觉焦点。点的相对性使其在不同的设计情境中具有不同的表现力,设计师可以通过调整点的特性来实现特定的视觉效果。点的运用不仅限于单一的存在形式,还可以通过组合形成更复杂的视觉结构。多个点的排列和组合可以产生节奏感和韵律感,从而增强设计的动态效果。点的排列方式多种多样,可以是规则的网格,也可以是自由的散点,通过这些排列方式,设计师能够在作品中营造出不同的空间感和层次感。

在立体构成中,点的材质和色彩也是影响视觉效果的重要因素。不同材质的点在光线下呈现出不同的反射效果,影响观者的视觉感受。色彩的运用则可以通过对比和协调,增强点的视觉冲击力和吸引力。设计师通过对材质和色彩的巧妙运用,能够在作品中创造出具有强烈视觉效果的点。点的运用在立体构成中不仅是形式上的表现,更是情感和意图的表达。设计师通过点的设计,传达出作品的主题和内涵,使观者在欣赏作品的同时,能够感受到设计师的情感和思想。点作为立体构成的基础元素,其运用不仅丰富了设计的表现形式,也为设计师提供了无限的创作可能性。

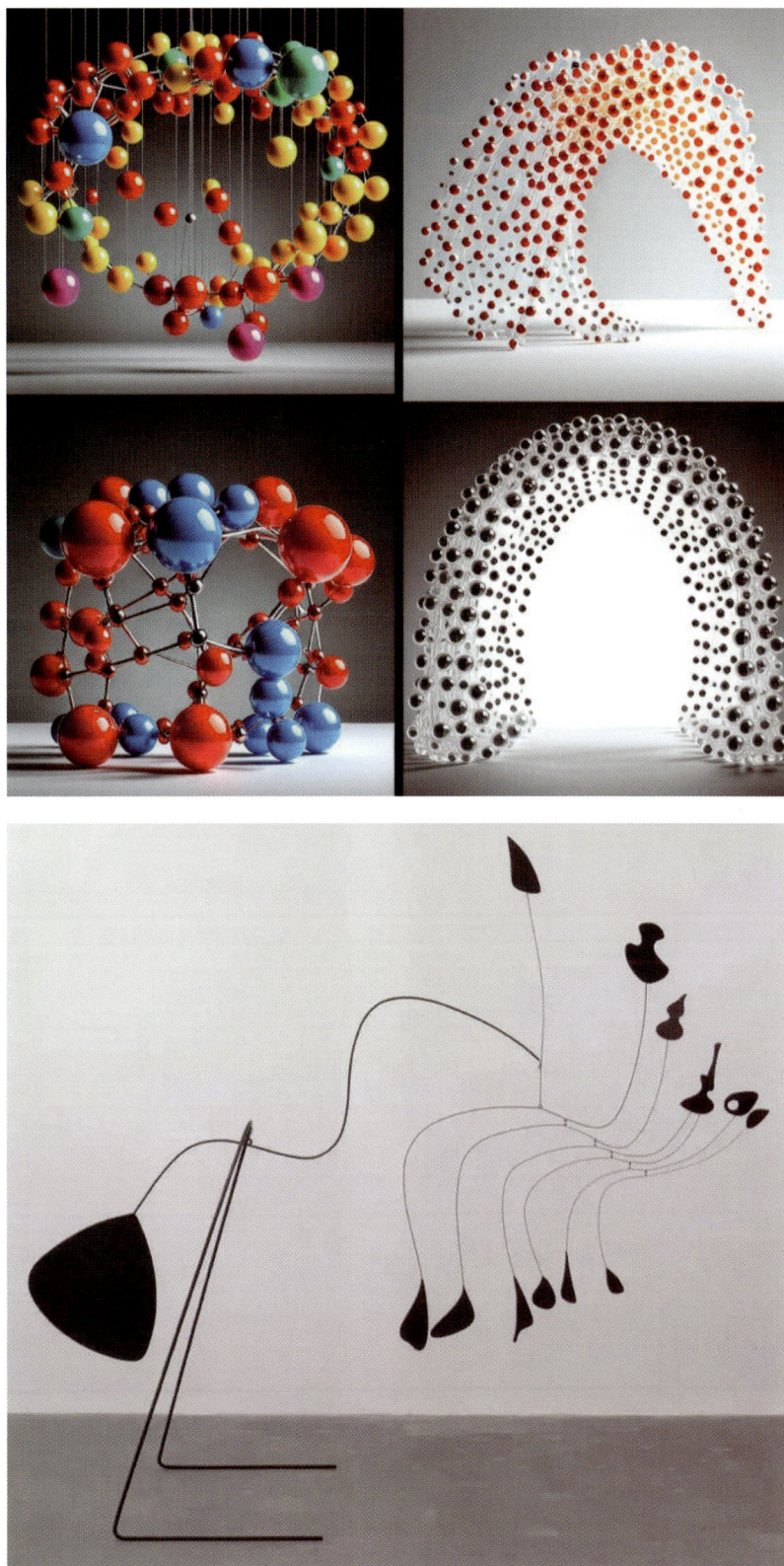

图 4-2 点在立体构成中的应用

　　立体构成中点的运用,体现了设计师对形态和空间的深刻理解和创造能力。通过对点的巧妙运用,设计师能够在作品中实现形式美与功能性的完美结合,创造出既具实用性又富有艺术性的设计作品。点的运用不仅提升了作品的视觉效果和空间特色,也为立体构成的创新和发展提供了新的可能性。

2. 线的运用

线在立体构成中扮演着至关重要的角色（见图4-3），作为连接点与点的基础元素，线不仅能表现长度和方向，还能在空间中创造出连续性和流动性。线的多样性使其在设计中应用广泛，直线与曲线、硬线与软线的不同组合，能赋予作品不同力度感和节奏感。直线的简洁和明确特性，常用于表现稳定性和秩序感；垂直线象征着生命力和庄重感；水平线则传达出静止与安定的情感；斜线则以其动感和活力，赋予作品前进和飞跃的视觉效果。通过对直线的巧妙运用，设计师能够在作品中营造出强烈的视觉冲击力和结构感。

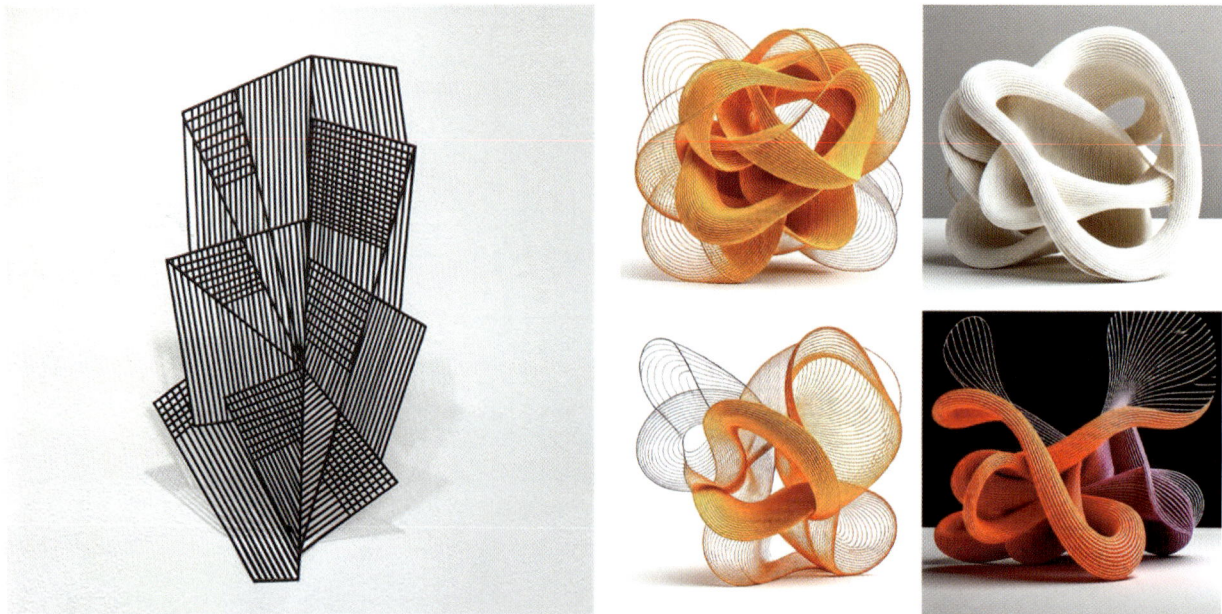

图4-3　线在立体构成中的应用

曲线的柔和和流畅特性，常用于表现动感和优雅，能够打破直线的严肃感，增加作品的灵动性和趣味性。设计师通过对曲线的变化和组合，能够在作品中创造出丰富的视觉层次和空间感受。硬线与软线的选择直接影响作品的质感和表现力。硬线具有坚固和明确的特性，常用于表现力量和稳定性；软线具有柔韧和可塑性的特性，赋予作品柔和和亲和的视觉效果。通过对硬线和软线的合理运用，设计师能够在作品中实现形式美与功能性的完美结合。

线的运用不仅限于其物理特性，更在于其在空间中的表现力。线材的排列和组合可以产生节奏感和韵律感，增强设计的动态效果。框架结构和转体构成等形式，通过线材的交错和扭转，能创造出具有立体感和空间感的作品。这种设计方法不仅提升了作品的视觉效果，还增强了其在空间中的存在感。

材料的选择在线的运用中同样重要，不同材质的线在光线下会呈现出不同的反射效果，影响观者的视觉感受。设计师通过对材料的巧妙运用，能够在作品中创造出具有强烈视觉效果的线。

线的运用在立体构成中不仅是形式上的表现，更是情感和意图的表达。设计师通过线的设计，传达出作品的主题和内涵，使观者在欣赏作品的同时，能够感受到设计师的情感和思想。线作为立体构成的基础元素，其运用不仅丰富了设计的表现形式，也为设计师提供了无限的创作可能性。立体构成中线的运用，体现了设计师对形态和空间的深刻理解和创造能力。通过对线的巧妙运用，设计师能够在作品中实现形式美与功能性的完美结合，创造出既具实用性又富有艺术性的设计作品。线的运用不仅提升了作品的视觉效果和空间特色，也为立体构成的创新和发展提供了新的可能性。

3. 面的运用

面在立体构成中作为线的移动轨迹,扮演着定义形状和空间的关键角色。面不仅是二维的存在,更是三维空间中不可或缺的元素。通过面的运用,设计师能够在作品中创造出丰富的体积感和空间感,赋予作品生命力和表现力。

面在立体构成中的应用如图4-4所示。

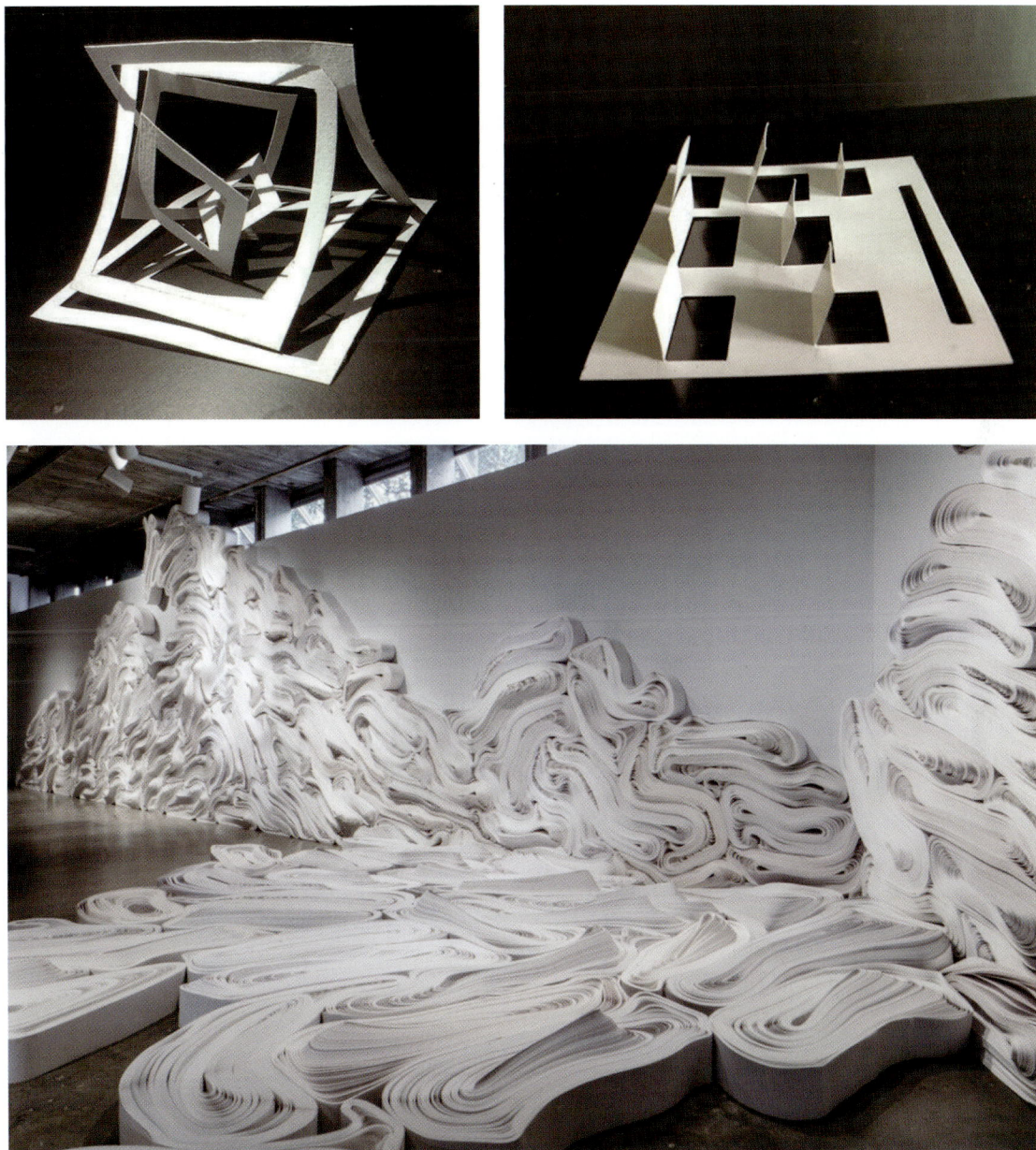

图4-4　面在立体构成中的应用

平面与曲面是面在立体构成中的两种基本形式。平面的简洁和明确特性,常用于表现稳定性和秩序感。平面的排列和组合可以形成几何形态,赋予作品理性和现代感。曲面的流畅和柔和特性,常用于表现动感和优雅。曲面的运用能够打破平面的严肃感,增加作品的灵动性和趣味性。设计师通过对平面和曲面的巧妙结合,能够在作品中营造出丰富的视觉层次和空间感受。面的质感同样影响着作品的表现力,光滑的面以其反射光线的特性,赋予作品现代感和科技感;粗糙的面则以其对光线的吸收和散射,增加作品的厚重感和自然感。设计师通过对面质感的选择和处理,能够在作品中实现形式美与功能性的完美结合。

　　不同形状的面的组合和排列,是立体构成中创造空间层次的重要手段。通过对面的切割、折叠和拼接,设计师能够在作品中创造出复杂的空间结构和视觉效果。面的组合不仅影响作品的外观,还直接关系到其功能性和实用性。设计师需要在面与面之间找到平衡,以实现作品的整体协调和统一。

　　材料的选择在面的运用中同样重要,不同材质的面在光线下会呈现出不同的视觉效果,影响观者的感受。设计师通过对材料的巧妙运用,能够在作品中创造出具有强烈视觉效果的面。

　　面的运用在立体构成中不仅是形式上的表现,更是情感和意图的表达。设计师通过面的设计,传达出作品的主题和内涵,使观者在欣赏作品的同时,能够感受到设计师的情感和思想。面作为立体构成的基础元素,其运用不仅丰富了设计的表现形式,也为设计师提供了无限的创作可能性。立体构成中面的运用,体现了设计师对形态和空间的深刻理解和创造能力。通过对面的巧妙运用,设计师能够在作品中实现形式美与功能性的完美结合,创造出既具实用性又富有艺术性的设计作品。面的运用不仅提升了作品的视觉效果和空间特色,也为立体构成的创新和发展提供了新的可能性。

4. 体的运用

　　体在立体构成中作为面的移动轨迹,具有长度、宽度和高度,是构成三维形态的基础元素。体的运用不仅在于其物理体量的表现,更在于其对空间的占据和影响。通过体的设计,设计师能够在作品中创造出强烈的体量感和空间存在感。体的体量感是其在立体构成中最显著的特征。通过对体的大小、比例和形状的设计,设计师能够在作品中营造出不同的视觉效果和空间感受。大体量的体常用于表现力量感和稳重感,赋予作品庄重和宏伟的气势。小体量的体则通过其灵活性和可塑性,增加作品的精致感和趣味性。设计师通过对体的体量的巧妙运用,能够在作品中实现形式美与功能性的完美结合。

图 4-5　体的堆叠

　　体的堆叠(见图 4-5)、切割和变形是其在立体构成中常用的表现手法。堆叠通过体的叠加和排列,创造出层次分明的空间结构和视觉效果。切割通过对体的分割和重组,赋予作品动态和变化的视觉感受。变形则通过对体形态的扭曲和调整,增加作品的独特性和创新性。设计师通过对这些手法的运用,能够在作品中创造出丰富的空间层次和视觉冲击力。体的材质和表面处理同样影响其在立体构成中的表现力。不同材质的体在光线下呈现出不同的反射效果,影响观者的视觉感受。光滑的体通过其反射光线的特性,赋予作品现代感和科技感。粗糙的体则通过其对光线的吸收和散射,增加作品的厚重感和自然感。设计师通过对材质和表面处理方式的选择,能够在作品中创造出具有强烈视觉效果的体。

　　体的运用在立体构成中不仅是形式上的表现,更是情感和意图的表达。设计师通过体的设计,传达出作品的主题和内涵,使观者在欣赏作品的同时,能够感受到设计师的情感和思想。体作为立体构成的基础元素,其运用不仅丰富了设计的表现形式,也为设计师提供了无限的创作可能性。立体构成中体的运用,体现了设计师对形态和空间的深刻理解和创造能力。通过对体的巧妙运用,设计师能够在作品中实现形式美与功能性的完美结合,创造出既具实用性又富有艺术性的设计作品。体的运用不仅提升了作品的视觉效果和空间特色,也为立体构成的创新和发展提供了新的可能性。

二、仿生与复合式构成

仿生构成是指设计师从自然界中汲取灵感,模仿生物的形态和结构,创造出既美观又实用的设计作品。仿生构成在立体造型中的创意表现为对生物形态的抽象化、简化和夸张。

1. 仿生构成

仿生构成作为设计领域的一种创新方法,要求设计师具备敏锐的观察力和丰富的想象力。通过对自然界生物形态特征的捕捉与分析,设计师能够将这些特征转化为设计元素,创造出既具功能性又富有美感的作品。仿生构成不仅是对自然形态的简单模仿,更是对自然界智慧的深刻理解和应用。自然界中,生物的形态和结构经过长期的进化,展现出极高的功能性和适应性。设计师通过对这些形态和结构的研究,能够从中汲取灵感,应用于产品设计、建筑设计等多个领域。例如,树叶的形态以其轻巧和高效的光合作用能力,启发设计师创造出轻便而实用的盘子。这种设计不仅在形式上模仿了树叶的形态,更在功能上体现了自然界的高效性。

蜂巢以其几何的完美性和结构的坚固性,成为建筑设计中的经典仿生案例。设计师通过对蜂巢结构的研究,创造出具有高强度和高稳定性的建筑结构(见图4-6)。这种设计不仅在外观上模仿了蜂巢的六边形排列,更在结构上实现了材料和空间的最优利用。

图4-6　蜂巢结构建筑

65

仿生构成的应用(见图 4-7)不仅限于形态和结构,还包括色彩、纹理和功能等多个方面。自然界中的色彩和纹理常常具有独特的视觉效果和功能性,例如,某些昆虫的翅膀通过微观结构实现色彩的变化,启发设计师在材料表面处理上的创新。通过对这些自然现象的研究,设计师能够在作品中实现视觉效果与功能性的完美结合。仿生构成不仅是一种设计方法,更是一种设计哲学。它强调人与自然的和谐共生,倡导从自然中学习和借鉴,以创造出可持续和创新的设计作品。设计师通过仿生构成,不仅能够提升作品的功能性和美观性,还能够在设计中融入对自然的尊重和理解。

图 4-7　仿生构成的应用

在现代设计中,仿生构成为设计师提供了无限的创作可能性。通过对自然界生物形态特征的深入研究,设计师能够在作品中实现形式美与功能性的完美结合,创造出既具实用性又富有艺术性的设计作品。仿生构成不仅提升了作品的视觉效果和空间特色,也为设计的创新和发展提供了新的可能性。

2. 复合式构成

复合式构成(见图 4-8)作为一种创新的设计方法,涉及将多种材料、技术和元素结合在一起,以创造出具有复杂形态和功能的立体作品。这种构成方式要求设计师具备深厚的材料学知识和技术背景,同时具备敏锐的艺术感知力,以确保不同材料和元素在视觉和触感上的协调性。在复合式构成中,材料的选择和组合是设计的核心,不同材料具有不同的物理特性,如强度、弹性、透明度和导热性等。设计师需要深入了解这些特性,以便在设计中合理运用。例如，金属的坚固性和玻璃的透明性可以结合在一起，创造出既坚固又具有视觉通透性的结构。材料组合不仅能在功能上实现互补，还能在视觉上创造出独特的美感。

　　加工技术在复合式构成中同样至关重要。不同材料的加工技术各异，设计师需要掌握多种加工工艺，以实现材料的最佳组合。例如，金属焊接技术与木材雕刻工艺的结合，能创造出既具有现代感又保留自然质感的作品。通过对加工技术的创新应用，设计师能够在作品中实现复杂的形态和精细的细节。

图 4-8　复合式构成的应用

续图 4-8

复合式构成不仅关注材料和技术的结合,还强调元素之间的协调性。设计师需要考虑不同元素在视觉上的和谐,以及在触感上的一致性。色彩、纹理和形态的协调是实现视觉统一的重要手段。通过对这些元素的精心设计,设计师能够在作品中创造出既具视觉冲击力又富有触感魅力的立体作品。复合式构成的应用范围广泛,涵盖建筑设计、产品设计、艺术装置等多个领域。在建筑设计中,复合式构成可以通过多种材料的结合,创造出具有创新性和功能性的建筑结构。在产品设计中,复合式构成可以通过不同材料和技术的结合,创造出既实用又美观的产品。

复合式构成不仅是一种设计方法,更是一种设计理念。它强调跨学科的合作和创新,倡导通过多种材料和技术的结合,创造出具有复杂性和多样性的设计作品。设计师通过复合式构成,不仅能够提升作品的功能性和美观性,还能够在设计中融入对技术和艺术的深刻理解。

在现代设计中,复合式构成为设计师提供了无限的创作可能性。通过对多种材料、技术和元素的深入研究和应用,设计师能够在作品中实现形式美与功能性的完美结合,创造出既具实用性又富有艺术性的设计作品。复合式构成不仅提升了作品的视觉效果和空间特色,也为设计的创新和发展提供了新的可能性。

第二节　创意作品的展示

一、学生作品赏析

在学生作品赏析部分,读者将会深入了解学生如何将立体构成的理论与实践相结合,创造出富有创意和表现力的作品。这些作品不仅是课堂练习的成果,也是参与设计竞赛或个人项目的结晶,充分体现了学生在学习过程中所积累的知识与技能。每一件作品都蕴含着学生对立体构成原理的深刻理解,展现了他们在形态、空间和材料运用上的独特视角。通过这些作品,读者能够感受到学生在设计过程中所展现出的创新思维与艺术表达。每一件作品都不仅仅是一个静态的展示,而是设计师与读者之间的对话。学生在创作中运用了点、线、面、体等基础元素,巧妙地将这些元素组合成具有视觉冲击力和情感共鸣的立体作品。作品中所体现的构成关系和空间布局,反映了学生对设计语言的敏锐把握和对美学的深刻理解。

　　本部分将展示多样化的设计风格和表现手法的作品(见图4-9),涵盖了从抽象到具象、从简约到复杂的各种形式。这些作品不仅展示了学生的技术能力,更体现了他们对设计理念的探索与思考。每一幅作品背后都有一个故事,传达着设计师的情感与理念。通过对这些作品的赏析,读者不仅能够欣赏到立体构成的美学魅力,还能感受到学生在创作过程中所经历的思考与探索。通过这样的赏析,立体构成的学习与实践将变得更加生动和具体,激发更多人对这一领域的兴趣与热情。

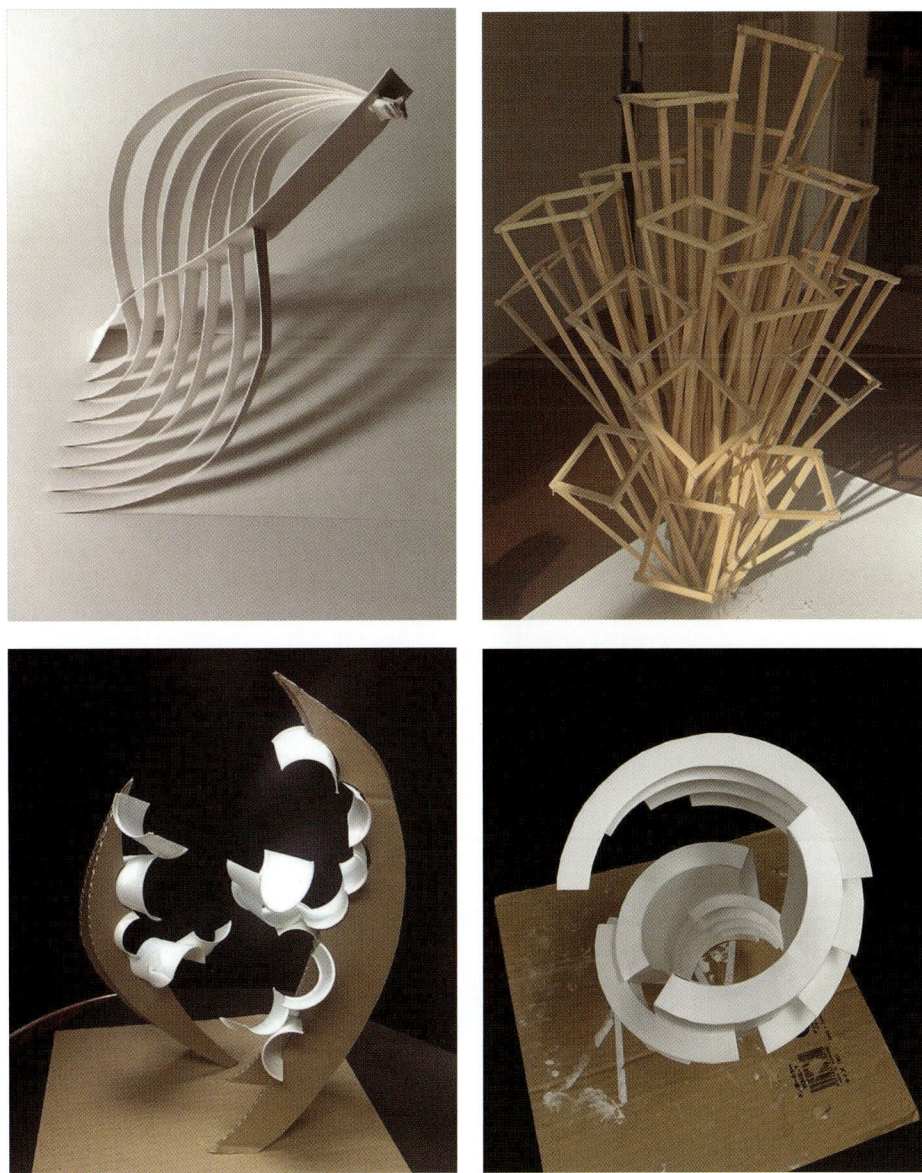

图4-9　学生作品赏析

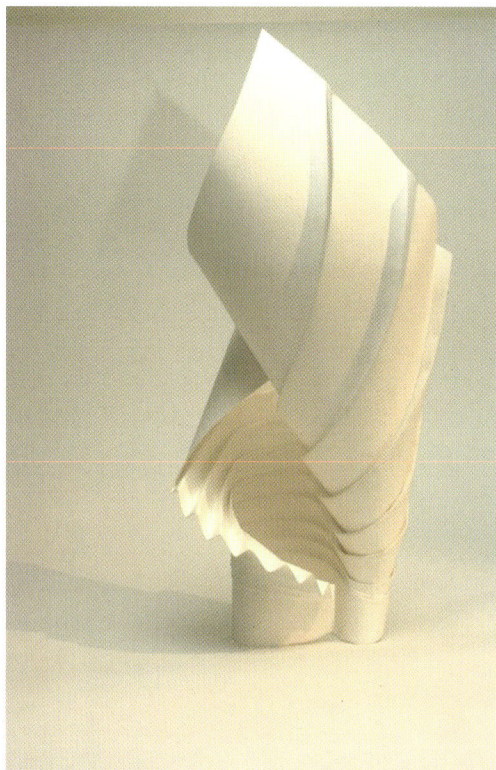

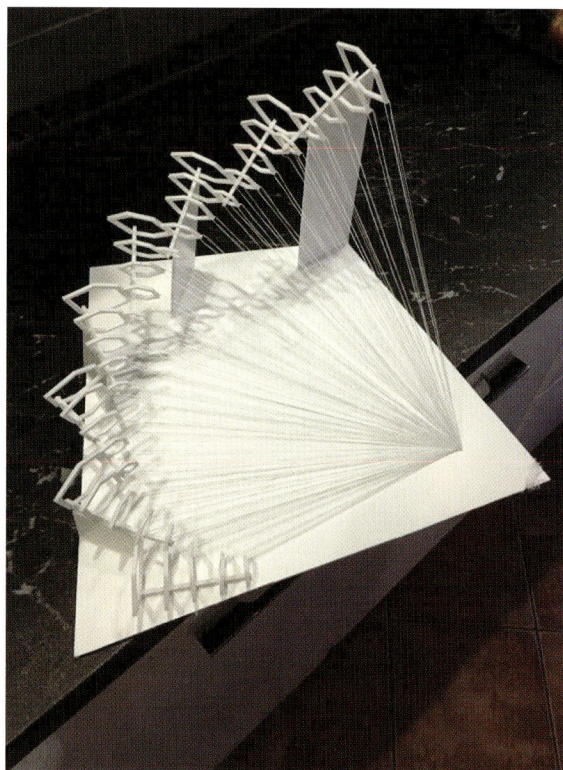

续图 4-9

续图 4-9

续图 4-9

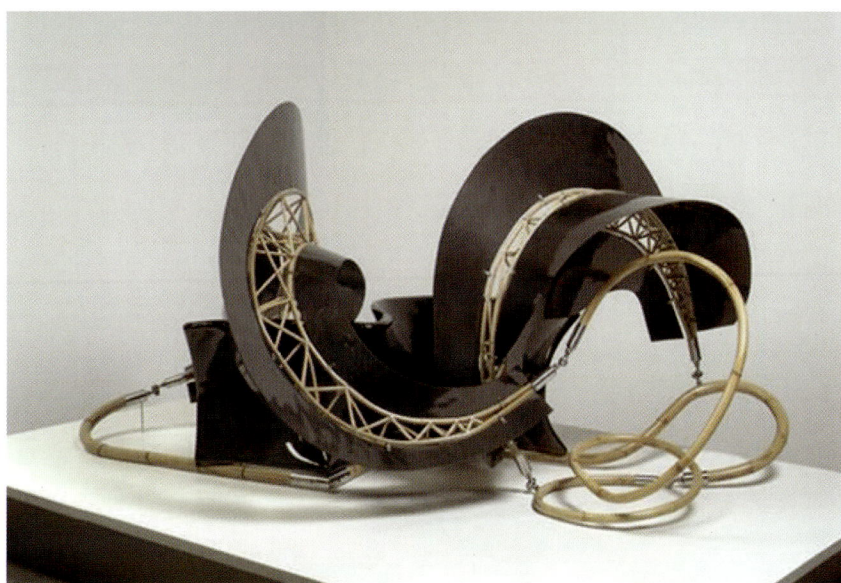

续图 4-9

续图 4-9

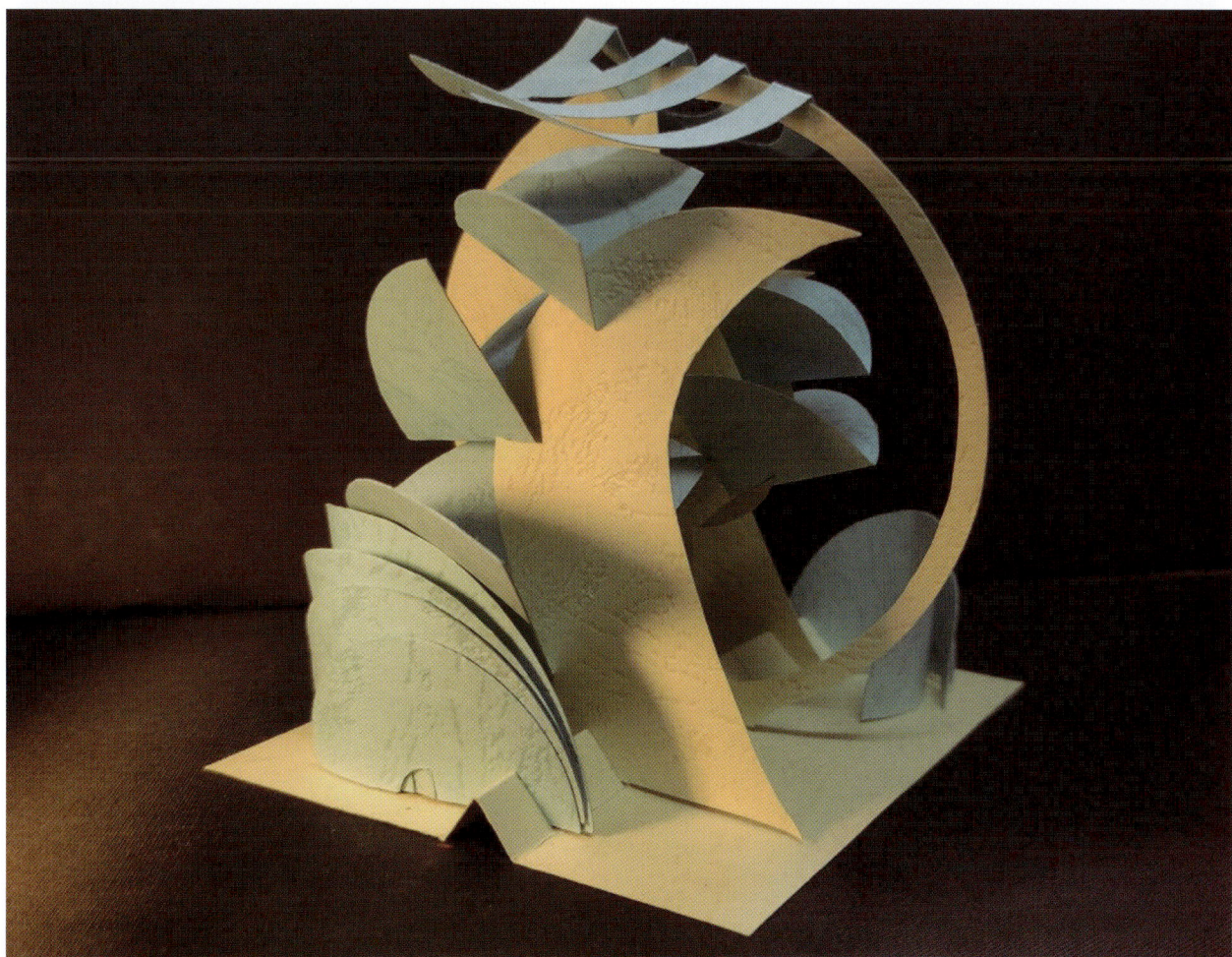

续图 4-9

二、作品赏析的意义

作品赏析在教育和设计实践中具有重要意义,不仅肯定了学生的学习成果,更能让其他学生获得学习经验和灵感启发。通过对作品的赏析,学生能够深入理解从概念到实现的全过程,获得宝贵的学习经验和设计灵感。赏析学生作品首先体现了对创作者努力和创造力的认可。每一件作品都是学生在学习过程中付出心血的结晶,通过赏析,教师和同学能够对学生的设计思路、技术应用和创新能力给予积极的反馈和鼓励。这种认可不仅提升了学生的自信心,也激励他们在未来的设计中继续探索和创新。

作品赏析同时为其他学生提供了一个学习和借鉴的机会。在赏析过程中,学生可以观察和分析他人作品的优点和不足,从中学习到不同的设计方法和技巧。通过对灵感来源、设计构思、材料选择和制作过程的深入了解,学生能够更好地理解设计的复杂性和多样性。这种学习方式不仅丰富了学生的设计视野,也提高了他们的批判性思维能力。

赏析过程还促进了学生之间的交流和互动。在赏析中,学生可以分享自己的设计理念和创作过程,听取他人的意见和建议。这种互动不仅有助于学生在设计过程中发现问题和解决问题,也增强了他们的沟通能力和团队合作精神。通过相互学习和交流,学生能够在设计实践中不断成长和进步。

作品赏析在教育中还具有引导和启发的作用。通过对优秀作品的分析和讨论,教师可以引导学生思考设计的本质和意义,激发他们的创造力和想象力。赏析过程中的讨论和反思,有助于学生在设计中找到自己的兴趣和方向,培养他们的设计思维和创新能力。在现代教育中,作品赏析已成为设计教学的重要环节。通过对学生作品的赏析,教育者能够更好地了解学生的学习状态和需求,调整教学策略和方法,提高教学效果。作品赏析不仅是对学生学习成果的展示,也是对教育质量的检验和提升。总之,作品赏析在设计教育中具有多重意义。通过作品赏析,学生不仅能够获得对自己作品的反馈和认可,还能够从他人的作品中得到学习和借鉴的机会,从而提升自己的设计能力和创新思维。作品赏析不仅促进了学生之间的交流和互动,也为教育者提供了改进教学的依据和方向。通过作品赏析,设计教育能够更好地实现培养创新人才的目标,为学生的未来发展奠定坚实的基础。

第三节　结语

立体构成作为设计领域的重要组成部分,承载着丰富的理论与实践内涵。通过对点、线、面、体等基础元素的深入探讨,设计师能够在三维空间中自由表达创意,创造出既具实用性又富有美学价值的设计作品。

线的运用不仅是形式上的表现,更是情感和意图的表达。设计师通过线的设计,传达出作品的主题和内涵,使观者在欣赏作品的同时,能够感受到设计师的情感和思想。线作为立体构成的基础元素,其运用不仅丰富了设计的表现形式,也为设计师提供了无限的创作可能性。

面的运用在立体构成中扮演着定义形状和空间的关键角色。面不仅是二维的存在,更是三维空间中不可或缺的元素。通过面的运用,设计师能够在作品中创造出丰富的体积感和空间感,赋予作品生命力和表现力。面与线的结合,形成了立体构成的基本框架,使得设计作品在视觉上更具层次感和深度。

体的运用在立体构成中同样重要。体作为立体构成的基础元素,其运用不仅丰富了设计的表现形式,也为设计师提供了无限的创作可能性。设计师通过对体的巧妙运用,能够在作品中实现形式美与功能性的完美结合,创造出既具实用性又富有艺术性的设计作品。体的视觉效果和空间特色为设计师提供了新的可能性。

仿生构成作为一种设计理念,强调从自然界中汲取灵感,模仿生物的形态和结构,创造出既美观又实用的设计作品。仿生构成在立体造型中的创意表现为对生物形态的抽象化、简化和夸张。设计师通过对自然界的观察与研究,能够将生物的特征融入设计中,形成独特的设计语言。这种设计方法不仅提升了作品的美学价值,也增强了其功能性,使得设计作品更符合人的使用需求。

复合式构成作为一种创新的设计方法,涉及将多种材料、技术和元素结合在一起,以创造出具有复杂形态和功能的立体作品。复合式构成要求设计师具备深厚的材料学知识和技术背景,同时具备敏锐的艺术感知力,以确保不同材料和元素在视觉和触感上的协调性。复合式构成不仅关注材料和技术的结合,还强调元素之间的协调性。设计师需要考虑不同元素在视觉上的和谐,以及在触感上的一致性。色彩、纹理和形态的协调是实现视觉统一的重要手段。在现代设计中,复合式构成为设计师提供了无限的创作可能性。

学生作品的赏析部分展示了学生如何将立体构成应用于创意作品。这些作品可能来自课堂练习、设计竞赛或者个人项目,展现了学生对立体构成原理的理解和应用能力。通过对学生作品的赏析,能够理解立体构成的原理和方法,感受立体构成所带来的视觉魅力和创意灵感。学生在创作过程中,通过对点、线、面、体的运用,探索了立体构成的多样性与复杂性,体现了他们对设计的热情与探索精神。

立体构成的学习与实践是一个不断发现、试验和创造的过程。设计师在这一过程中,不仅要具备扎实的理论基础和技术能力,还需要敏锐的艺术感知和创造力。通过对立体构成的深入研究,设计师能够在三维空间中自由表达创意,创造出既满足功能需求又具有审美价值的设计作品。随着科技的不断进步,立体构成将继续在设计实践中发挥其独特的价值和魅力,为设计师提供广阔的创作空间与可能性。

第五章

现代技术在立体构成中的应用

随着科技的飞速发展,现代技术已经成为立体构成领域不可或缺的一部分。本章将探讨计算机辅助设计、三维建模技术以及虚拟现实技术在立体构成中的应用,分析这些技术如何推动立体构成的发展和创新。

第一节　计算机辅助设计的应用

一、CAD 软件应用

计算机辅助设计(CAD)软件在立体构成设计中的应用非常广泛。CAD 软件通过提供强大的三维建模功能,使设计师能够高效地创建和编辑复杂的三维模型,从而在多个领域中发挥重要作用。

CAD 软件能够将二维设计转化为三维模型(见图 5-1)。设计师可以在屏幕上直观地进行设计,并赋予其三维效果,这使得设计师能够通过可视化的方式解决先前已知且定义明确的问题。例如,在服装设计中,CAD 软件可以将平面的服装材料通过省、褶、分割等各种结构处理方法形成立体形态的服装,使服装在人体的前、后、左、右等方向都形成一定空隙,从而提高服装的舒适性和美观性。CAD 软件具有强大的几何建模功能,可以快速创建基本形状,并允许在多个层次上进行详细操作。这些功能包括线框建模、表面建模和固体建模等。

例如,设计师可以使用 CAD 软件进行三维几何造型,通过对点、线、面、体等几何元素进行一系列变换和运算,生成实际或想象的物体模型。此外,CAD 软件还可以模拟光照效果,呈现出明暗和纹理效应,使三维模型具有真实感。另外,CAD 软件还支持结构分析和辅助设计信息的图形交互快速生成。例如,在高层建筑设计中,CAD 软件可以适用于任意平面、立面、体型的三维空间结构建模,并提供模块式或图表式绘图方法来辅助梁、柱的施工图设计。这种功能不仅提高了设计效率,还增强了设计师与客户之间的沟通。

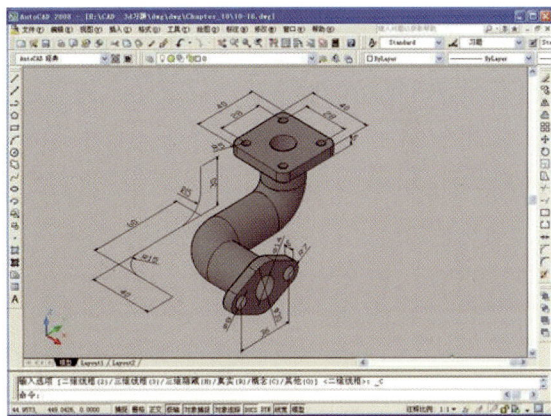

图 5-1　CAD 软件界面

CAD 软件还可以用于快速原型制作和制造过程的模拟。设计师可以在虚拟环境中组装零件,动画演示相对运动,并计算和重新设计零件。此外,CAD 软件还可以将模型下载到快速原型系统中,以最小的人工干预创建物理模型。总之,CAD 软件在立体构成设计中的应用涵盖了从概念设计到详细工程设计的各个方面。它不仅提高了设计效率和质量,还增强了设计师与客户之间的沟通能力,并为现代设计领域提供了便捷高效的设计解决方案。

二、设计流程优化

CAD 技术的应用不仅改变了设计师的工作方式,还优化了整个设计流程。从概念设计到最终产品的实现,CAD 技术使得设计流程更加流畅和高效。

　　CAD 系统通过参数化建模技术,允许设计师对几何模型的尺寸和形状进行灵活调整。这种参数化功能不仅提高了设计的灵活性,还使得后续的优化工作更加高效。例如,通过 CAD/CAE 集成技术,可以将有限元模型与几何模型集成在一起,实现参数化结构形状优化设计。这种方法不仅适用于三维实体结构,还可以用于壳体结构的优化设计。拓扑优化是通过改变材料分布来获得最优结构形状的方法。CAD 系统可以与拓扑优化工具结合,生成初始的非光滑边界模型,并通过边界光滑技术将其转化为 CAD 系统可识别的模型。然后,利用 CAD 系统对这些模型进行进一步的形状优化和尺寸优化,从而得到更合理的结构。高级 CAD 模板方法(如 HLCt 建模)通过在知识库中存储关键信息并使用推断引擎触发,实现了多学科优化设计的自动化。这种方法允许对几何形状和 CAD 组件数量进行参数化修改,从而在保持设计灵活性的同时,提高设计效率。

　　CAD 系统可以无缝集成仿真工具,如 ANSYS 和 SolidWorks 等,进行初步模拟计算和一系列迭代优化。这种集成方法不仅提高了设计的精度,还缩短了设计周期。此外,通过使用 CAD 系统生成的质量特性模型和有限元模型验证结构厚度,可以确保设计满足所需的结构强度要求。CAD 系统支持多用户协同设计,通过共享和可视化多个 CAD 格式的数据,提高团队间的协作效率。此外,CAD 系统还可以管理整个设计过程,确保设计符合客户需求并减少设计错误。

　　CAD 系统生成的三维模型可以直接用于快速原型制作,验证设计的可行性和负载能力。这种方法不仅节省了时间和成本,还提高了设计的可靠性。总之,CAD 系统通过参数化建模、拓扑与形状优化、多学科自动化设计、仿真集成、协同设计以及快速原型制作等多种技术手段,显著优化了立体构成的设计流程,提高了设计效率和质量。

第二节　三维建模的创新

一、建模技术基础

　　三维建模技术是现代立体构成设计的核心,它通过在虚拟空间中自由地创造和修改立体形态,实现对立体构成的直观表达和探索。三维建模技术不仅涉及几何建模,还包括纹理贴图、模型优化等步骤。

　　三维建模的基础元素包括点、线、面和体,在实际操作中,设计师可以通过使用各种三维建模软件(如 3ds Max、AutoCAD、Maya 等)来创建复杂的三维模型。这些软件提供了多种建模方法,包括多边形建模、NURBS 建模和程序建模等。多边形建模通过定义形状来创建 3D 模型,NURBS 建模使用非均匀有理 B 样条(NURBS)数学方程来定义 3D 对象的形状。

　　三维建模的过程通常从概念化开始,定义模型的目的和范围,并收集参考图像或概念艺术。然后,设置建模环境并导入所需材料,通过基本几何图形或粗略表示来进行初步建模,重点关注整体比例和形式。在主建模阶段,根据项目需求添加细节,可以使用多种建模技术,确保模型具有良好的边缘流,并优化几何形状以实现高效渲染。接着是细节建模,包括表面特征、纹理和更细致的结构。UV 映射用于创建 2D 纹理图,以便对模型的不同部分进行纹理应用。最后,应用纹理和材质以实现所需的视觉效果,并对着色器进行微调以实现逼真的渲染。此外,三维建模还涉及材质设置、灯光创作及效果图的渲染出图。例如,在 SolidWorks 软件中,可以通过"平面草图"进行"拉伸""旋转""扫描"等操作形成立体图,使学生能够更直观地观察和学习。

三维建模技术的应用范围非常广泛,涵盖了动画、游戏、虚拟现实、建筑、产品设计等多个领域。它不仅能够节省成本、简化工作流程、提高产品质量,还能扩展公司的业务。

二、三维建模的原理

三维建模主要基于计算机图形学和几何学原理,通过构建三维网格和曲面来模拟现实世界的立体形态。三维建模技术将现实世界中的实体或概念转化为虚拟世界中的三维模型,这是数字化设计与制造的基础,并广泛应用于工业设计、动画影视、游戏开发等领域。

在三维建模过程中,设计师可以使用多种几何处理技术来编辑三维模型。例如,可以通过添加、移动、旋转和缩放等操作来编辑三维模型,实现对形态的精确控制。此外,三维建模还涉及使用数学模型和算法,将现实世界中的物体或场景转化为数字形式,从而实现可视化呈现和互动操作。

三维网格模型通常由多边形表示,包括三角形和四边形,这些多边形定义了三维形状的顶点、边和面。在建模过程中,网格的构建直接决定了模型的求解方式,包括模型的求解时间、计算时所需的内存量、解在各节点之间的插值方式,以及解的精度等。

三维建模软件通过使用三维空间的几何学概念,以及对光影和材质的模拟,实现对三维物体的建模和渲染。这些软件能够将平面上的形状和纹理转换为三维空间中的实体模型,并支持多种特效编辑和渲染功能。

总之,三维建模的原理涉及计算机图形学、几何学和数学模型的应用,通过构建三维网格和曲面来模拟现实世界的立体形态,并允许设计师通过各种操作来编辑和控制模型的形态。

三、三维建模在立体构成中的应用

三维建模技术在立体构成中的应用非常广泛,涵盖了建筑设计、工业设计、动画制作等多个领域。通过使用专业的三维建模软件,设计师可以进行复杂的形态设计、结构分析和视觉效果渲染,从而创造出富有创意和表现力的立体作品。

在建筑设计领域,三维建模技术的应用主要体现在虚拟现实和 BIM(建筑信息模型)技术的使用上。虚拟现实技术能够以立体、三维的方式呈现建筑景观和室内设计情况,帮助设计师从多个角度欣赏和审视设计作品,并在模拟设计中更好地体现设计细节,从而有效拓展建筑展示空间。BIM 技术则通过创建三维结构模型,使设计人员能够更好地理解和利用这些模型,提高设计效率,并为后续的施工、运营乃至拆除等建筑全生命周期提供翔实的数据支持。

在工业设计领域,三维建模技术同样发挥着重要作用。虚拟现实技术可以将工业活动的生产、制造与监测流程进行真实模拟,形成直观的三维立体模型,从而为设计师提供便利,有效保障工作质量和设计精度。此外,三维建模技术还能够帮助设计师在屏幕上随时变更设计方案,进行快速验证,大大节省实际生产和制造的时间和成本。

在动画制作领域,三维建模技术是基础性工作。例如,在 3ds Max 软件中,三维建模技术被用来创建各种墙体、窗户、台阶等元素,这些元素按照原始比例在三维空间中构建出来,成为动画设计的基础框架。此外,三维建模技术还可以用于创建逼真的背景和角色造型,实现无缝的相机移动效果,从而达到传统电影拍摄手法的效果。

总之,三维建模技术在立体构成中的应用不仅提高了设计效率和精度,还为设计师提供了更多的创作自由度和表现力。无论是建筑设计、工业设计还是动画制作,三维建模技术都为设计师们提供了强大的工具,使他们能够创造出更加复杂和富有创意的立体作品。

第三节　虚拟现实技术的融合

一、虚拟现实概念

虚拟现实(Virtual Reality,VR)技术作为一种通过计算机生成的模拟环境,能够使用户沉浸在虚拟世界中,仿佛身临其境。这种技术的实现依赖于计算机图形、仿真、人工智能等技术,再结合各种输入和输出设备,如头戴显示器(HMD)、数据手套、位置追踪器等,为用户提供视觉、听觉、触觉等多种感官刺激。虚拟现实技术的核心在于其高度的沉浸性和交互性,这些特征使得 VR 技术在立体构成设计中展现出独特的价值。

沉浸性是虚拟现实技术的主要特征之一。通过封闭用户的视觉、听觉和其他感官,虚拟现实技术能够使用户感觉自己置身于一个完全不同的环境中。立体 VR 技术通过向每只眼睛投射不同的图像,创建出更具深度感的三维视觉体验,从而增强用户的沉浸感。这种深度感不仅提升了视觉效果,还使得用户在虚拟环境中的体验更加真实。用户在虚拟空间中能够感受到物体的距离、大小和空间关系,这种空间感的增强为立体构成设计提供了新的可能性。交互性是虚拟现实技术的另一重要特点。用户可以通过自然的方式与虚拟环境进行互动,如手势、语音、头部转动等动作,并得到实时反馈。这种交互方式使得用户不仅是被动的观察者,更是虚拟环境中的参与者。设计师可以利用这一特性,创造出更加生动和富有表现力的设计作品。通过手势识别和语音控制,用户能够直接与虚拟对象进行交互,改变物体的形态、位置或颜色,从而实现个性化的设计体验。

在立体构成设计中,虚拟现实技术提供了一种全新的设计和体验方式。设计师可以利用虚拟现实技术创建三维虚拟空间,通过屏幕、传感器等互动工具实现虚拟空间内的人机交互。这种技术不仅能够模拟逼真的三维世界,还能通过额外的设备获得听觉和触觉反馈,进一步增强用户的沉浸式体验。通过结合视觉、听觉和触觉的多感官反馈,设计师能够创造出更为丰富的虚拟环境,使用户在体验中感受到更强的情感共鸣。

虚拟现实技术在立体构成设计中的应用,能够有效提升设计的效率和准确性。传统的设计过程往往需要通过二维图纸或模型进行表达,而虚拟现实技术则允许设计师在虚拟环境中进行实时的三维建模和调整。设计师可以在虚拟空间中直观地观察和修改设计,快速实现从概念到实体的转化。这种实时反馈机制不仅提高了设计的效率,还减少了设计过程中的错误和不确定性。现代科技的进步为虚拟现实技术的发展提供了强有力的支持。计算机辅助设计(CAD)、3D 打印、激光切割等技术的应用,使得设计师能够在虚拟环境中进行形态的构建和测试。这些技术的结合,使得复杂的形态和结构得以实现,拓宽了设计的可能性。设计师在虚拟环境中进行创作时,可以充分利用这些先进技术,探索新的设计理念和形式。

在立体构成设计中,材料的选择与应用同样至关重要。设计师需要根据设计意图选择合适的材料,以实现预期的视觉效果。不同材料的特性直接影响到立体构成的形态塑造和视觉效果。随着现代科技的发展,越来越多的新材料被应用于立体构成设计中。光学、声学、电学、化学等学科的进步,带来了许多具有独特性能的新型材料。设计师需要不断学习和掌握这些新材料的特性,以便在设计中充分发挥其潜力。

虚拟现实技术的引入,使得设计师能够在虚拟环境中对材料进行直观的观察和比较。通过虚拟现实技术,设计师可以在三维空间中模拟不同材料的效果,观察其在光线、色彩和质感上的变化。这种直观的体验使得设计师能够更好地理解材料的特性,从而做出更为合理的设计选择。在立体构成设计中,虚拟现实技术还能够促进设计师与用户之间的互动。设计师可以通过虚拟现实技术展示设计方案,邀请用户在虚拟环境中进行体验和反馈。这种互动不仅能够帮助设计师更好地理解用户需求,还能够在设计过程中融入用户的意见和建议,从而提升设计的实用性和美观性。用户在虚拟环境中的体验反馈,能够为设计师提供宝贵的参考,使得设计作品更符合市场需求。

随着环保意识的增强,设计师在立体构成设计中也需要考虑材料的可持续性和设计的生态影响。虚拟现实技术为设计师提供了一个探索可持续设计的全新平台。通过虚拟环境,设计师可以模拟不同材料的环境影响,评估其在使用过程中的可持续性。这种评估不仅有助于设计师选择环保材料,还能够让设计师在设计过程中考虑资源的节约和环境的保护。

未来,虚拟现实技术在立体构成设计中的应用将更加广泛。随着技术的不断进步,虚拟现实将与人工智能、物联网等技术相结合,创造出更为智能化和个性化的设计体验。设计师将能够在虚拟环境中进行更为复杂的设计探索,推动立体构成设计的创新与发展。虚拟现实技术的引入为立体构成设计带来了革命性的变化。通过沉浸式的体验和自然的交互方式,设计师能够创造出更为生动和富有表现力的设计作品。随着科技的不断进步,虚拟现实技术将在立体构成设计中发挥越来越重要的作用,为设计师提供无限的创作可能。设计师应当积极探索虚拟现实技术的应用,推动立体构成设计的创新与发展,为用户创造出更为丰富和多样化的设计体验。

二、虚拟现实技术的原理

虚拟现实技术是一种通过计算机生成三维空间的虚拟世界,并结合多种交互设备,使用户能够沉浸其中并进行互动的技术。其核心原理包括以下几个方面。

1. 三维图像生成

虚拟现实技术的核心在于生成逼真的三维图像,这一过程依赖于计算机图形学的先进算法和技术。三维图像的生成需要强大的硬件设备支持,尤其是高性能的图形处理器(GPU)和计算机系统。这些硬件设备的并行计算能力和高效的数据处理能力,确保了三维渲染的高质量和实时性。在三维图像生成过程中,计算机图形学的算法扮演着至关重要的角色。光线追踪(Ray Tracing)和光栅化(Rasterization)是两种主要的渲染技术。光线追踪通过模拟光线在场景中的传播路径,生成具有真实光影效果的图像。这种方法虽然计算量大,但能够提供极高的图像逼真度。光栅化则通过将三维场景转换为二维图像,快速生成图像,适用于实时渲染需求。现代的虚拟现实系统通常结合这两种技术,以在性能和图像质量之间取得平衡。

GPU 在三维图像生成中发挥着关键作用,其强大的并行计算能力,能够同时处理大量的图形数据。这种能力使得复杂的三维场景能够在短时间内被渲染出来,满足虚拟现实应用对实时性的要求。随着 GPU 技术的不断进步,图形处理器的计算能力和能效比不断提升,为虚拟现实技术的发展提供了坚实的基础。

计算机系统的整体性能同样影响着三维图像生成的效率和质量。现代计算机系统的多核处理器、大容量内存和高速存储设备,支持复杂图形计算和大规模数据处理。这些硬件配置确保了虚拟现实系统能够流畅运行,提供沉浸式的用户体验。三维图像生成不仅依赖于硬件设备,还需要软件算法的支持。图形引擎作为三维图像生成的核心软件,提供了丰富的图形处理功能和开发接口。Unity 和 Unreal Engine 是目前广泛使用的图形引擎,它们通过提供高效的渲染管线和丰富的开发工具,帮助开发者快速创建高质量的虚拟现实内容。

虚拟现实技术的应用领域广泛,包括游戏、教育、医疗、建筑等多个行业。在这些领域中,逼真的三维图像生成是实现沉浸式体验的关键。通过高质量的三维渲染,用户能够在虚拟环境中获得与现实世界相似的视觉体验,从而提高应用的效果和用户的参与度。

随着技术的不断进步,三维图像生成的质量和效率将进一步提升。未来,随着硬件设备的性能提升和图形算法的优化,虚拟现实技术将能够生成更加逼真和复杂的三维图像,为用户提供更加真实和沉浸的体验。这一趋势将推动虚拟现实技术在更多领域的应用和发展,为人们的生活和工作带来更多的便利和创新。

2. 头戴式显示器(HMD)

头戴式显示器(HMD)作为虚拟现实技术的关键设备,为用户提供了沉浸式的视觉体验。通过将三维图像直接投射到用户的视野中,HMD 能够模拟真实世界的视觉感受,使用户仿佛置身于虚拟环境之中。这种设备通常配备两个小屏幕,每个眼睛对应一个屏幕,以模拟人类双眼的视觉差异,从而产生立体视觉效果。HMD 的设计基于人类视觉系统的生理特性。人类通过双眼观察世界,左右眼之间的视差是产生深度感知的重要因素。HMD 通过在两个屏幕上显示略有不同的图像,成功地模拟了这种视差,使用户能够感受到物体的深度和距离。这种立体视觉效果是实现虚拟现实沉浸感的关键。

现代 HMD 设备通常集成了高分辨率显示屏和先进的光学系统,以确保图像的清晰度和色彩的准确性。高分辨率显示屏能够呈现细腻的图像细节,而光学系统则通过调整焦距和视角,优化用户的观看体验。此外,HMD 还配备了传感器,用于跟踪用户的头部运动。这些传感器能够实时捕捉用户的视线方向和位置变化,并相应地调整显示内容,使用户在移动时仍能保持视觉的连贯性和沉浸感。

HMD 的应用范围广泛,涵盖了游戏、教育、医疗、建筑等多个领域。在游戏领域,HMD 为玩家提供了身临其境的体验,使他们能够在虚拟世界中自由探索和互动。在教育领域,HMD 用于虚拟试验和模拟训练,帮助学生更直观地理解复杂的概念和过程。在医疗领域,HMD 用于手术模拟和康复训练,提高了医疗操作的安全性和效果。在建筑领域,HMD 帮助设计师和客户在虚拟环境中预览建筑方案,进行设计评审和修改。随着技术的不断进步,HMD 的性能和舒适性将进一步提升。未来的 HMD 设备将更加轻便,具有更高的分辨率和更广的视角,为用户提供更加逼真和舒适的视觉体验。此外,随着 5G 网络和云计算技术的发展,HMD 将能够实现更复杂的图像处理和实时数据传输,进一步增强虚拟现实的应用潜力。

HMD 作为虚拟现实技术的重要组成部分,正在不断推动着数字化体验的边界。通过提供沉浸式的视觉体验,HMD 不仅改变了人们的娱乐方式,也在教育、医疗和建筑等领域带来了革命性的变化。随着技术的不断演进,HMD 将在更多领域发挥其潜力,为人们的生活和工作带来更多的创新和便利。

3. 传感器和追踪技术

虚拟现实系统的核心在于其能够提供与虚拟环境的自然交互,而实现这一目标的关键技术则是传感器和追踪技术。为了创造高度沉浸的用户体验,虚拟现实系统需要准确捕捉用户的动作和位置信息。这一过程通常依赖于多种类型的传感器和追踪设备,这些设备不仅能够检测用户的头部、手部和身体的运动,还可以实时地将这些动作转化为虚拟环境中的相应反应。头部追踪是虚拟现实中最基本且最重要的功能之一,它能够通过追踪用户头部的位置与方向,确保用户的视角与虚拟环境的变化保持一致。常见的技术包括惯性传感器、陀螺仪和加速度计。这些传感器可精确测量头部的旋转和倾斜角度,使用户在转动头部时,虚拟环境中的视角也同步变化,达到与真实世界相似的视觉体验。

手部追踪为用户提供了更为直观的交互方式,通过手部传感器,如手套、控制器或摄像头,系统能够识别用户手部的位置和动作。手部追踪设备能够实现准确的手势识别,使用户可以以自然的方式进行选择、操控和触摸虚拟对象。例如,一些系统可以利用红外线摄像头捕捉手部运动,通过分析手指的动作,让用户在虚拟环境中进行绘画、模型构建等活动。

全身运动追踪则是虚拟现实体验的进一步提升。通过在用户身上安装多个传感器,或利用摄像头捕捉用户的全身动态,系统可以实时监测用户的所有身体动作。这种技术使得用户在虚拟空间内的行为更接近于现实生活中的行为。例如,用户可以在虚拟环境中行走、跳跃或做出其他动作,系统将这些动作转换为虚拟角色的相应行为,进一步增强了沉浸感。为了提高虚拟现实的沉浸体验,系统通常不仅依赖视觉上的刺激,还结合了多种感官反馈机制。听觉是增强虚拟现实体验的重要组成部分,耳机提供立体声效果,使用户能够听到来自不同方向的声音,从而形成一个立体的音响环境。这种音效设计能够有效提升虚拟场景的真实感,并在用户进行互动时,提供空间感和方向感。

触觉反馈亦是一项关键技术,能够通过震动、压力等方式模拟触觉感受,从而让用户体验到虚拟物体的真实接触感。例如,在游戏中,当用户用手触摸虚拟物体时,触觉反馈设备能够给予相应的振动反馈,使用户感知到物体的重量和质感,提升了交互的真实性。

嗅觉反馈在虚拟现实中的应用相对较少,但其潜力同样不容忽视。通过气味发生器,系统可以根据虚拟环境的变化释放特定的气味。例如,当用户走进一个花园时,气味发生器可以模拟花香,增强用户的沉浸感。这种多感官反馈的结合,使虚拟环境不仅在视觉上更丰富,还能在感官的全方位上营造出真实的体验。

传感器和追踪技术在虚拟现实系统中发挥着至关重要的作用。它们不仅使用户能够与虚拟环境自然交互,更通过多感官反馈的结合,提升了虚拟体验的沉浸感和真实感。随着技术的不断发展,未来的虚拟现实系统将能够实现更精确的动作捕捉和更丰富的感官体验,为用户带来更为逼真的虚拟世界。

4. 交互设备

用户在虚拟现实环境中可以通过多种交互设备实现与虚拟世界的互动,这些设备包括手柄、数据手套、语音识别设备等。每种设备都提供了独特的交互方式,使用户能够以高度自然和直观的方式与虚拟环境进行交互。

手柄是虚拟现实中最常见的交互设备之一。它们通常配备多个按钮、触摸板和运动传感器,能够精确捕捉用户的手部动作和位置。通过手柄,用户可以在虚拟环境中进行导航、选择和操作物体,类似于在现实世界中使用手的方式。手柄的设计通常考虑了人体工程学,以确保长时间使用的舒适性。

数据手套提供了一种更为细致的交互方式。通过内置的传感器,数据手套能够捕捉用户手指的弯曲和手部的细微动作。这种精确的动作捕捉使得用户可以在虚拟环境中进行更复杂的操作,如抓取、旋转和操控虚拟物体。数据手套的应用不仅限于游戏领域,还在医疗训练和工业设计领域中发挥着重要作用。

语音识别设备为用户提供了一种无须手动操作的交互方式。通过语音命令,用户可以控制虚拟环境中的各种功能,如启动应用、调整设置和与虚拟角色对话。语音识别技术的进步使得这种交互方式变得更加自然和高效,尤其在需要快速响应和多任务处理的场景中,语音交互展现出独特的优势。这些交互设备通过捕捉用户的输入,将其转化为虚拟环境中的操作,从而实现高度自然的交互体验。

虚拟现实系统通常结合多种交互设备,以提供更丰富和多样化的用户体验。例如,在一个虚拟现实游戏中,用户可以使用手柄进行移动和攻击,同时通过语音命令与游戏角色进行交流。随着技术的不断发展,交互设备的性能和功能将进一步提升。未来的交互设备将更加智能和灵活,能够更准确地理解和响应用户的意图。此外,随着人工智能和机器学习技术的应用,交互设备将能够学习用户的偏好和习惯,提供更加个性化的交互体验。

多种交互设备的结合为虚拟现实技术的应用提供了广阔的空间。通过这些设备,用户能够以自然和直观的方式与虚拟环境进行互动,不仅提升了虚拟现实的沉浸感,也为教育、医疗、建筑等领域带来了新的可能性。随着技术的不断进步,交互设备将在更多领域发挥其潜力,为人们的生活和工作带来更多的创新和便利。

5. 实时渲染和计算

实时渲染和计算在虚拟现实技术中扮演着至关重要的角色,尤其是在用户与虚拟环境进行交互时。每当用户在虚拟环境中移动或进行操作时,系统必须实时进行复杂的计算,以生成新的三维图像并将其传输到 HMD 上。这一过程不仅要求极高的计算能力,还需要快速的数据处理能力,以确保用户体验的流畅性和沉浸感。

实时渲染涉及多个计算步骤,包括几何处理、光照计算和像素着色等。几何处理阶段,系统需要根据用户的视角变化,重新计算场景中物体的形状和位置。光照计算则负责模拟光源与物体之间的交互,生成逼真的光影效果。像素着色阶段,系统为每个像素赋予颜色和纹理信息,最终生成完整的图像。这些计算步骤需要在极短的时间内完成,以达到每秒至少 60 帧的刷新率,从而避免用户在使用 HMD 时出现眩晕或不适。高性能的 GPU 是实现实时渲染的关键。现代 GPU 还支持硬件加速的光线追踪技术,进一步提升了图像的逼真度和渲染效率。除了 GPU,计算机系统的整体性能也对实时渲染和计算产生重要影响,多核处理器、大容量内存和高速存储设备等硬件的配置确保了虚拟现实系统能够流畅运行,提供沉浸式的用户体验。

实时渲染和计算不仅依赖于硬件,还需要高效的软件算法支持。图形引擎(如 Unity 和 Unreal Engine)提供了优化的渲染管线和丰富的开发工具,帮助开发者快速创建高质量的虚拟现实内容。这些引擎通过提供高效的资源管理和渲染优化技术,确保了虚拟现实应用的性能和稳定性。随着技术的不断进步,实时渲染和计算的能力将进一步提升。

虚拟现实技术通过计算机生成逼真的三维图像,并结合头戴式显示器、传感器、交互设备等硬件设备,以及实时渲染和计算技术,为用户提供一种高度沉浸和互动的虚拟体验。这种技术不仅在游戏领域得到了广泛应用,还在教育、医疗、建筑等多个行业中展现出巨大的潜力。

三、虚拟现实在立体构成中的应用

虚拟现实技术能够为设计师提供一个三维虚拟环境,使他们能够更直观地表达设计理念,并通过模拟现实的立体感代替传统的图纸,让客户在虚拟环境中体验设计方案,从而提供更加真实的反馈。这种沉浸式的评审方式不仅增强了设计的直观性,还减少了因设计图纸与实际施工效果之间的差异所产生的心理落差,实现了"所见即所得"的效果。虚拟现实技术在教育和培训领域也有着广泛的应用。通过虚拟现实技术,学生可以进入一个自由灵感迸发的艺术创作空间,畅想无限可能,尝试各种创新的艺术表达方式。这种沉浸式的学习体验极大地增强了学生对作品的感知能力,并提供了更丰富的解读和欣赏方式。此外,虚拟现实技术还可以用于模拟真实场景,使学习过程更加生动有趣。

在工业设计中,虚拟现实技术可以构建建筑模型、进行仿真试验和实现可视化。虚拟场景能展示仿真实体,帮助设计人员把握产品功能与形体特点,并优化调整以提升设计质量。此外,虚拟现实技术还可以突破传统设计活动的时空限制,为设计活动提供独立环境,从而提高设计效率和质量。虚拟现实技术在数字媒体艺术设计中也有重要应用。它不仅能够为学生提供沉浸式的学习体验,带来更丰富的艺术感受,还能够将学生带入虚拟的创作环境,拓展他们的创作思路。例如,在数字雕塑作品中,观者可以从不同的角度欣赏和触摸作品,获得更加真实和全面的艺术感受。

虚拟现实技术不仅提供逼真的视觉效果,还可以通过声音、触觉等多种感官刺激来增强体验。这种多感官的沉浸式体验能够激发学生的好奇心并增强他们对学习的投入感。例如,在生物学课程中,学生可以通过虚拟现实设备模拟在人体内部探索,深入了解人体的结构和功能。

虚拟现实技术在立体构成中的应用不仅提升了设计和教育的效率与质量,还为用户提供了更加直观、互动和沉浸式的体验。随着技术的不断发展和普及,虚拟现实技术在立体构成中的应用将会越来越广泛,具有极大的发展潜力和前景。

四、应用前景

1. 虚拟现实技术在立体构成设计中的重要性

虚拟现实技术的不断进步为立体构成设计领域带来了显著的变革与发展。立体构成设计作为一种强调空间、形态与材料之间关系的艺术形式,依托虚拟现实技术所创造的沉浸式环境,使设计师能够在真实与虚拟的交错中进行深入探索。在虚拟环境中,设计师不仅可以实时观察和分析设计作品的形态与比例,还能够通过可视化技术对空间关系进行直观展示,使其设计过程更具互动性和灵活性。通过这种立体视觉体验,设计师能够将抽象的设计理念转化为可操作的三维模型,提升设计过程中的感知与理解。在这样高度沉浸的环境中,设计师的直观判断能力得以增强,使其能够在即时反馈中优化设计决策。虚拟现实技术所提供的这种快速迭代功能,不仅提高了设计效率,更助力于创新思维的碰撞,使得设计师能够尝试多种设计可能性。此外,虚拟现实技术的逐渐成熟使其在设计实践中的应用变得越来越广泛。建筑设计、室内设计和工业产品设计等领域,都能够通过虚拟现实技术模拟光影效果、材质感受和空间布局,从而创造出更具沉浸感和现实感的设计方案。设计师能够在虚拟环境中进行真实场景的再现与预判,形成对客户的有效沟通与展示,减少传统设计方法中的信息传递误差,确保项目实施的精准度。

在立体构成设计中,虚拟现实还允许对环境中的每一个细节进行精细调控。例如,通过调整光源的方向、强度及色温,设计师可以观察不同光影效果对空间氛围的影响。这种能够模拟真实世界的特征,使得设计师能够在早期阶段识别潜在问题,及时做出调整,有效降低后期修改成本。虚拟现实技术的引入,不仅改善了设计过程中的具体操作,也为增强设计的创意提供了全新的视角与依据。

2. 数字化与交互化在立体构成设计中的发展趋势

立体构成设计走向数字化与交互化的趋势,不仅反映了现代设计理念的变革,更是技术发展的必然结果。数字化转型使设计师能够更高效、更准确地实现设计构思,借助各类计算机辅助设计工具、三维建模软件等先进技术,设计工作正逐步脱离传统手工创作的范畴,步入全新的技术驱动时代。设计师在数字环境中,能够实现对复杂形态、结构及材料的灵活调控,打破以往手工设计所带来的局限性。

交互化设计使得用户作为设计过程中的活跃参与者,能够在创作中表达自己的需求与期望。通过虚拟现实技术,用户可以实时参与设计过程,借助手势、语音等多种方式进行互动,形成实时反馈。这种基于用户体验的设计理念,不仅提升了设计的针对性与实用性,更使得设计师与用户之间的沟通变得更加顺畅。这种直观的设计交互,有利于在早期阶段进行用户测试,了解用户的真实感受,为后续的设计调整提供重要的依据。现代技术在立体构成中的融入,不仅提升了设计的精确度和效率,更推动了设计思维的创新。在数字化和交互化的驱动下,设计师可以针对不同的目标市场和用户群体,创造出定制化的设计方案,从而满足个性化需求。模块化设计和参数化设计作为新兴的设计方法,通过运用数字技术,能够实现设计形式和功能的灵活调整,从而提升设计的市场适应性。

立体构成设计还将越来越多地应用到增强现实(AR)等新兴技术中。AR 技术通过将数字信息叠加在现实场景中,使用户能够在自然环境中进行互动与体验,增加设计的趣味性和参与感。随着技术的不断进步,设计师在进行立体构成时,将越来越依赖数字化工具与交互平台,以增强设计的多维度表现。

3. 未来设计师面临的机遇与挑战

未来的设计师将面临日益复杂的设计环境和不断变化的市场需求,这需要他们具备灵活应对的能力。新技术的快速发展为设计师提供了丰富的工具与资源,然而设计师必须不断学习与适应这些新技术,以保持在行业内的竞争力。掌握虚拟现实技术、增强现实技术及人工智能等前沿工具,设计师才能够在瞬息万变的市场中抓住机遇,从而推动自身职业生涯的发展。

立体构成设计将朝着更加个性化和多样化的方向演进。用户需求的多样性促使设计师必须关注个体体验,探索不同文化、社会背景下的设计适应性。设计师在创作过程中需要考虑到用户的情感与心理反应,从而建立与用户之间的深层次共鸣。这种以用户为中心的设计理念引导设计师在立体构成设计中实现更具个性化的表达。与此同时,设计师在面对技术带来的便利时,也必须保持批判性思维,审视技术应用可能带来的伦理问题与社会影响。随着设计的数字化程度逐渐加深,数据隐私、安全性与可持续性问题愈发受到关注。设计师需要在创造与表达之间找到平衡,确保设计作品不仅具备美学价值与市场效益,同时也能对社会与环境产生积极的贡献。

未来的设计行业将呈现出更加智能化的趋势,人工智能技术的引入,使得设计过程中的数据分析与决策变得愈加高效。设计师与 AI 技术的结合,使得设计的可行性分析、用户体验测试等环节变得更加智能化、自动化。设计师在这一过程中需提升自身对数据的敏锐度与分析能力,以更好地利用这些技术为创作服务。虚拟现实和其他先进技术的应用为立体构成设计带来了全新的视角与方法。设计师应将这些新兴工具与传统设计理念相结合,创造出符合市场需求的作品。通过拥抱新技术,拥抱变革,设计师不仅能够提升个人专业能力,更能够把握发展机遇、应对专业挑战,为未来的设计领域贡献更多价值。

总之,虚拟现实技术的发展将推动立体构成设计向更加数字化、交互化和个性化的方向发展。设计师需要不断学习和掌握这些技术,适应不断变化的设计需求和挑战,才能抓住未来设计的趋势和机遇。

第四节　结语

立体构成作为现代设计的重要组成部分,承载着丰富的理论与实践内涵。通过对立体构成的深入探讨,读者不仅能够理解其历史背景与发展脉络,还能掌握其在当代设计中的广泛应用。立体构成的学习不仅是对形态、空间和材料的敏感度培养,更是对设计创新思维与实践能力的强化。设计师在这一过程中,能够通过对基础元素的运用,创造出既具实用性又富有美学价值的设计作品。现代设计领域的快速发展,促使立体构成的材料与技术不断更新。新兴材料(如光学、声学和电学等领域的材料)为设计师提供了更多的创作可能性。设计师需要不断学习和掌握这些新兴材料的特性,以便在设计中有效运用。现代加工技术(如激光切割、3D 打印等)也为立体构成的实现提供了技术支持,使得复杂的形态和细节得以实现。这些技术的应用,不仅提升了设计的精确度和效率,更推动了设计思维的创新。

立体构成的实际应用范围广泛,涵盖建筑设计、室内设计、工业设计、雕塑等多个领域。立体构成不仅是一门技术性学科,更是一种艺术表达的形式,它要求设计师具备扎实的理论基础和技术能力,同时也需要敏锐的艺术感知和创造力。

在现代艺术的广阔天地中,立体构成如同一座桥梁,连接着设计与生活、技术与艺术。它在包装设计、展示设计、室内设计、服装设计、工业设计以及建筑设计等多个领域发挥着重要作用。立体构成的学习不仅提升了设计师的造型能力和构成能力,也为他们在现代设计领域的创新提供了广阔的空间。通过对立体构成的起源、发展、核心概念及其在现代设计中的地位进行深入探讨,读者可以更好地理解立体构成的理论与实践,为未来的设计创新打下坚实的基础。随着科技的发展,立体构成的材料和技术也在不断更新。现代材料的出现,为立体构成提供了更多的创作可能性。

在展示设计中,立体构成的理论与实践相结合,能够创造出具有艺术价值与实用性的互动体验装置。设计师通过构建虚拟的三维空间,使观众能够在虚拟环境中自由探索和互动。虚拟现实技术的应用为展示设计带来了全新的可能性,拓展了展示的空间维度,为观众提供了个性化的体验,满足了不同观众的需求和兴趣。互动体验的创新不仅依赖于技术的进步,还需要设计师深入理解观众的心理和行为。通过立体构成的理论支撑,设计师可以在展示设计中实现形式美与功能性的完美结合,提升展示的整体效果和观众的参与度。

立体构成的学习与实践,不仅是对设计技能的提升,更是对审美能力和创新思维的培养。设计师在这一过程中,能够通过对立体构成的深入研究,探索新的设计理念与方法。随着设计领域的不断扩展和科技的不断进步,立体构成将继续在设计实践中发挥其独特的价值和魅力。设计师应当勇于创新,积极探索立体构成的新境界,以应对未来设计行业的挑战。

在未来的设计实践中,立体构成将继续发挥其独特的作用。设计师需要不断适应新技术的发展,掌握新材料的特性,以便在设计中有效运用。立体构成不仅是现代设计语言的重要组成部分,更是创新思维与实践能力的体现。通过对立体构成的学习,设计师能够在不断变化的设计环境中,保持敏锐的洞察力与创造力,为未来的设计创新贡献力量。随着科技的不断进步,立体构成将继续在设计实践中发挥其独特的价值和魅力,为设计师提供广阔的创作空间与可能性。

Liti Goucheng

第六章
立体构成的实战练习

第一节　线的立体构成练习

一、概念理解

　　线的立体构成是立体构成中的一个重要分支，涉及使用线材在三维空间中创造形态和结构。线的立体构成可以分为以下几个类型。

　　硬线构成：使用硬质线材，这类线材强度较好，具有较好的自身支持力，但柔韧性和可塑性较差。硬线构成可以不依靠支架，多以线材排列、叠加、组合的形式构成，再用黏结材料进行固定。硬线构成具有强烈的空间感、节奏感和运动感。

　　软线构成：使用软质线材，这类线材强度较弱，没有自身支持力，但柔韧性和可塑性好。软线构成通常需要框架来支持立体形态，可以分为有框架构成和无框架构成。有框架构成是先用硬质线材制作框架，再在框架上定接线点，然后用软质线材按照接线点的位置连接。无框架构成则是利用软质线材的编结、层排、堆积进行构成，如软挂壁、织物等。

　　光线构成：使用光发射出来的可视线条作为媒介材料的视觉构成。光线媒介材料可强可弱、可明可暗，可以变换照射的角度和颜色。光线作为视觉构成的媒介材料，在一些物质里具有一定的穿透力，能烘托场景的气氛，渲染艺术气氛。光线构成可以不依靠支架，只要有发射光源的射灯就可以完成，具有强烈的空间感、节奏感和运动感。

　　线的立体构成在设计中有着广泛的应用，它不仅能够创造出具有视觉冲击力的作品，还能够通过线材的排列和组合传达出特定的情感和氛围。设计师可以通过对线材的选择和运用，探索线条在空间中的无限可能性，从而创造出具有个性和美感的立体形态。

二、作业详情

　　作业题目：探索线的立体构成。具体内容如表 6-1 所示。

表 6-1　"探索线的立体构成"作业内容

项目	内容
作业目标	1. 理解和掌握线的立体构成的基本概念和类型； 2. 学习如何使用不同材质的线材创造三维形态； 3. 探索线材在空间中的排列、组合及其视觉和情感效果； 4. 培养立体造型感觉、想象和构成能力
作业要求	1. 选择一种线的立体构成类型（硬线构成、软线构成或光线构成）进行创作； 2. 描述所选线材类型及其特性，并解释选择的原因； 3. 设计原创立体构成作品，需要有明确设计理念和目标； 4. 考虑线材的物理特性，如强度、柔韧性、可塑性等； 5. 光线构成需要考虑光源的位置、角度和颜色变化； 6. 列出制作材料和工具清单； 7. 撰写报告，包括设计理念、线材选择理由、创作挑战及解决方案、效果评估

项目	内容
提交要求	1. 提交设计草图、成品照片及书面报告； 2. 草图展示不同视角，包括平面布局和立体效果图； 3. 照片清晰展示成品各个角度和细节； 4. 报告详细、条理清晰，反映思考过程和创作经历
评分标准	1. 设计理念的创新性和原创性（30%）； 2. 线材选择的合理性和作品完成度（30%）； 3. 书面报告的清晰度和深度（20%）； 4. 作品的视觉效果和空间表现（20%）

三、作业展示

"探索线的立体构成" 作业展示图如图 6-1 所示。

图 6-1　"探索线的立体构成" 作业展示图

续图 6-1

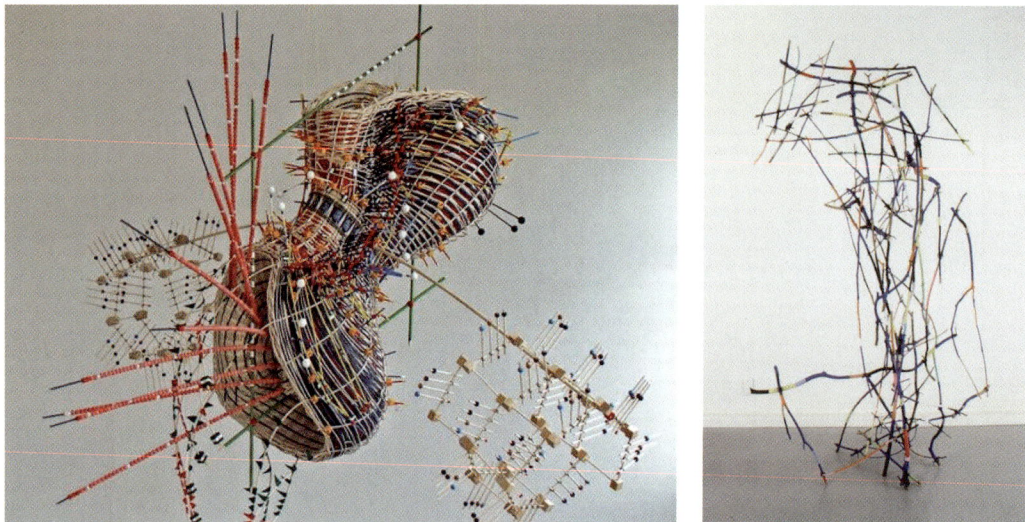

续图 6-1

第二节　面的立体构成练习

一、概念理解

　　面的立体构成是一种将平面材料通过巧妙的设计手法转化为立体形态的艺术,它不仅仅是简单的折叠或弯曲,而是一种深思熟虑的空间创造过程。在这种方法中,设计师通过对材料的精确切割、折叠和拼接,探索出平面与立体之间的转换关系,从而创造出具有独特视觉效果和空间感受的作品。这种构成方式在建筑设计、工业设计、雕塑艺术等多个领域都有着广泛的应用,它能够将简单的二维材料转化为具有复杂结构和深刻内涵的三维艺术作品。

　　在实际操作中,面的立体构成涉及对材料特性的深刻理解和对空间形态的敏锐感知。设计师需要考虑材料的厚度、柔韧性、强度以及表面处理等因素,这些因素都会影响最终作品的形态和稳定性。例如,纸张的折叠能够创造出柔和的曲线和丰富的层次感,而金属板的弯曲则能够展现出力量感和结构美。此外,设计师还需要考虑作品在不同光线条件下的光影效果,以及它在特定空间环境中的视觉效果和互动性。

　　面的立体构成方式也是一种表达创意和情感的设计语言。通过不同的构成手法,设计师可以传达出不同的设计理念和情感态度。例如,通过重复和对称的构成方式,可以创造出和谐统一的视觉效果;而通过不规则和随机的构成方式,则可以表现出自由奔放的创意精神。这种构成方式为设计师提供了广阔的创意空间,使他们能够通过材料和形态的探索,创造出具有个性和时代感的作品。

　　总之,面的立体构成是一种将二维平面材料转化为三维立体形态的设计方法,涉及材料选择、形态设计、空间关系处理等多个方面。这种构成方式不仅能够创造出具有视觉吸引力的立体作品,还能够为设计师提供表达创意和情感的设计语言。在当代设计实践中,面的立体构成已经成为一种重要的创新手段,它不断推动着设计领域的发展和进步。

二、作业详情

作业题目:探索面的立体构成。具体内容如表 6-2 所示。

表 6-2　"探索面的立体构成"作业内容

项目	内容
作业目标	1.理解和掌握面在立体构成中的角色和特性; 2.学习使用不同材质和形状的面材创造三维形态; 3.探索面材在空间中的排列、组合及其视觉和空间效果; 4.培养立体造型感觉、想象和构成能力
作业要求	选择一种或多种面材(如纸板、木材、金属、塑料等)进行创作。设计一个立体构成作品,要求如下。 1.必须是原创设计; 2.需要有明确设计理念和目标; 3.考虑面材的物理特性,如强度、柔韧性、重量等; 4.作品可为单一面构成或多面构成,也可结合硬线或块体; 5.列出制作材料和工具清单
报告内容	1.作品的设计理念和目标; 2.面材选择的理由; 3.创作过程中的挑战和解决方案; 4.对最终作品的效果评估,包括对空间感、层次感、视觉冲击力等的分析
提交要求	1.提交设计草图、成品照片及书面报告; 2.草图展示不同视角,包括平面布局和立体效果图; 3.照片清晰展示成品各个角度和细节; 4.报告详细、条理清晰,反映思考过程和创作经历
评分标准	1.设计理念的创新性和原创性(30%); 2.面材选择的合理性和作品完成度(30%); 3.书面报告的清晰度和深度(20%); 4.作品的视觉效果和空间表现(20%)

三、作业展示

"探索面的立体构成"作业展示图如图 6-2 所示。

图 6-2　"探索面的立体构成"作业展示图

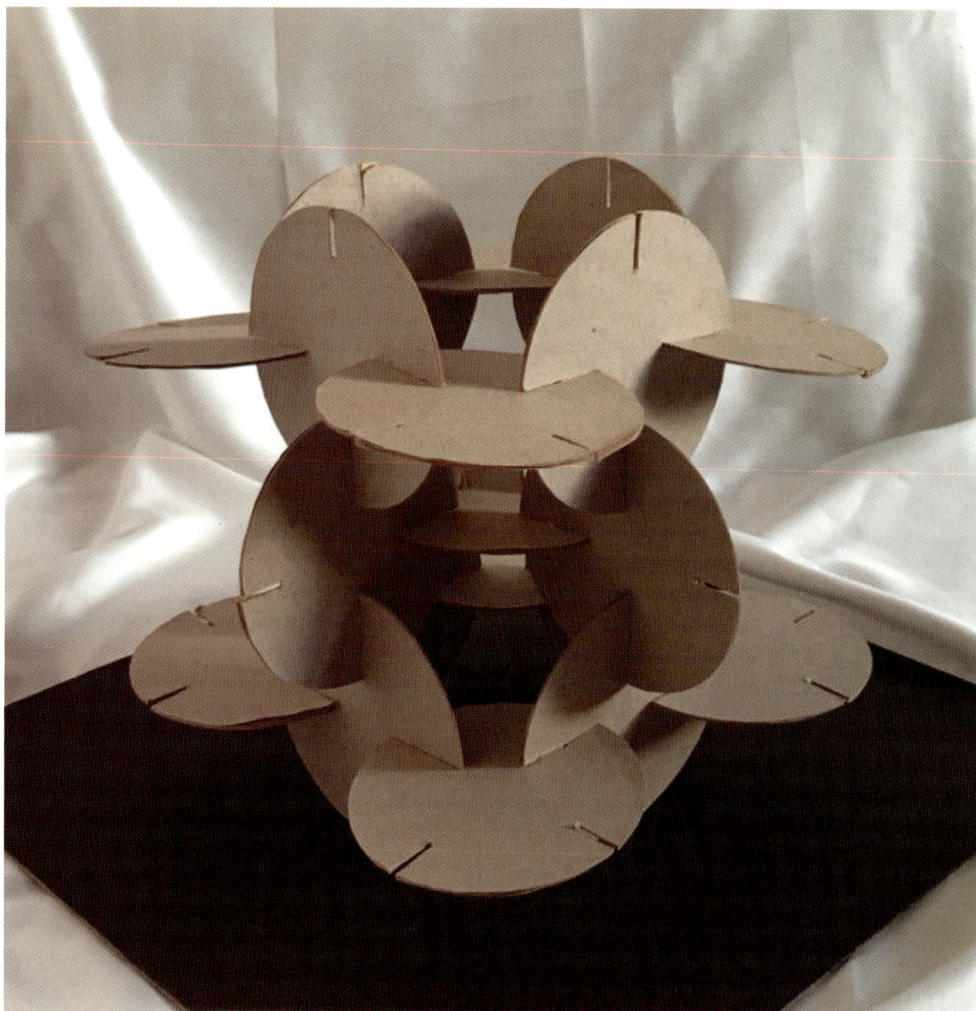

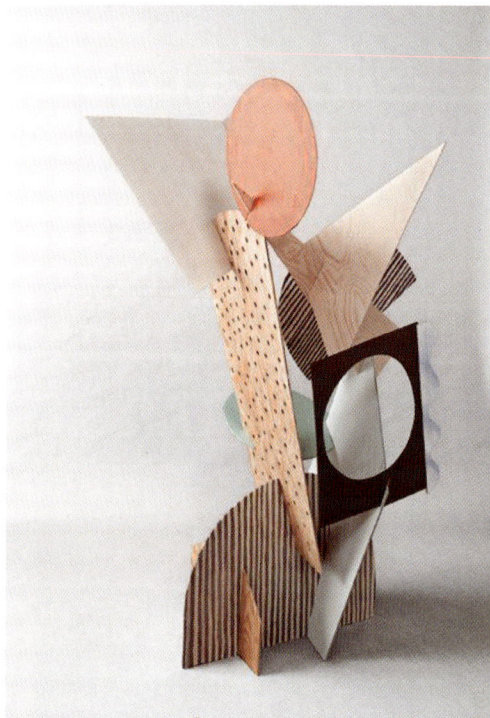

续图 6-2

第三节　点的立体构成练习

一、概念理解

点的立体构成是将几何学中的"点"元素在三维空间中扩展和排列,创造出具有特定视觉效果和空间感的立体形态。在这种构成方法中,点不再是单一的、静止的,而是动态的、有体积的,它们可以被看作是构成立体形态的基本单元。通过对点的聚集、分散、排列和组合,设计师能够在空间中创造出丰富的层次感,从而形成独特的立体雕塑或装置艺术。

在实际应用中,点的立体构成涉及对点的大小、形状、材质和颜色等属性的精心选择和控制。这些属性不仅影响单个点的视觉表现,还影响点与点之间的相互关系以及它们在整体构成中的作用。例如,不同大小的点可以创造出节奏和动态感,而不同颜色的点则可以引导观者的视线,形成视觉焦点。此外,点的材质选择也会影响作品的质感和光影效果,从而增强作品的立体感和空间感。

点的立体构成也是一种强有力的视觉语言,它能够传达出特定的情感和概念。通过点的密集和稀疏排列,设计师可以表达出从宁静到紧张、从有序到混乱的不同情感氛围。点的立体构成作品往往能够引发观者的好奇心和探索欲,使他们从不同的角度和距离去观察和体验作品,从而获得丰富的感官体验和深层的情感共鸣。

总之,点的立体构成是一种将点元素在三维空间中扩展和排列的设计方法,它通过点的属性控制和空间排列,创造出具有特定视觉效果和空间感的立体形态。这种构成方式不仅能够展现出点的动态性和体积感,还能够为设计师提供一种强有力的视觉语言,用以表达情感和概念。在当代艺术和设计领域,点的立体构成方式已经成为一种重要的创新手段,不断推动着立体构成艺术的发展和探索。

二、作业详情

作业题目:探索点的立体构成。具体内容如表 6-3 所示。

表 6-3　"探索点的立体构成"作业内容

项目	内容
作业目标	1. 理解点在立体构成中的作用和特性; 2. 学习如何使用点材在三维空间中创造形态和节奏; 3. 探索点材的排列、组合及其视觉和情感效果; 4. 培养立体造型感觉、想象和构成能力。
作业要求	选择一种或多种点材(如珠子、小球、石头、海绵等)进行创作。设计一个立体构成作品,要求如下。 1. 必须是原创设计; 2. 需要有明确的设计理念和目标; 3. 考虑点材的物理特性; 4. 作品可为点的单一排列或多点组合,也可与其他线材或面材结合; 5. 列出制作材料和工具清单; 6. 撰写报告,包括设计理念、点材选择理由、创作挑战及解决方案、效果评估

续表

项目	内容
提交要求	1. 提交设计草图、成品照片及书面报告； 2. 草图展示不同视角，包括平面布局和立体效果图； 3. 照片清晰展示成品各个角度和细节； 4. 报告详细、条理清晰，反映思考过程和创作经历
评分标准	1. 设计理念的创新性和原创性（30%）； 2. 点材选择的合理性和作品完成度（30%）； 3. 书面报告的清晰度和深度（20%）； 4. 作品的视觉效果和空间表现（20%）

三、作业展示

"探索点的立体构成"作业展示图如图6-3所示。

图6-3　"探索点的立体构成"作业展示图

续图 6-3

第四节　仿生与复合式构成练习

一、概念理解

仿生与复合式构成是两个相互关联但又有所区别的概念。仿生设计（Bionics）是指模仿自然界生物的结构和功能，以解决人类技术问题的一种设计方法，涉及生物学、数学、工程学等多个学科，目的是通过模仿生物系统的原理来设计和制造新的技术设备。仿生设计在材料、结构优化、能源效率等方面都有广泛的应用，如模仿贝壳结构的建筑、模仿海豚皮肤的船体涂层等。

复合式构成则是指在立体构成中使用多种材料和结构来创造新的立体形态。立体构成是一门研究空间立体造型的学科，它以一定的材料和视觉为基础，以力学为依据，将造型元素按照一定的空间构成原则组合成新形象。立体构成的元素包括点、线、面、体、色彩和空间等，涉及建筑设计、景观设计、室内设计、工业造型、雕塑、广告等多个设计行业。

在立体构成中，仿生可以作为一种创意表达的手段，通过模仿自然界的形态和结构来设计人工形态。例如，可以通过练习将自然形态还原到单纯的几何形式，其中关键是抓特征、求整体、舍弃烦琐细节、夸张造型态势、强调装饰效果。在加工手段上，应不拘形式，综合应用多种加工方法，力求形神近似。

此外，立体构成也涉及形态的认知、概念与分类，以及构成的基本概念和构成发展的历史。它不仅包括形态、材料、色彩、空间等方面的研究内容，还涉及美学法则，如对比与和谐、对称与均衡、比例与尺度、节奏与韵律等。

在实际应用中，立体构成可以与仿生设计相结合，通过模仿自然界的生物形态和结构来创造具有特定功能和美学价值的立体作品。这种结合可以促进创新设计的发展，提高设计的科学性和艺术性。

二、作业详情

作业题目：自然灵感下的复合式构成设计。具体内容如表 6-4 所示。

表 6-4　"自然灵感下的复合式构成设计"作业内容

项目	内容
作业目标	1. 观察并分析自然界中的生物形态和结构； 2. 提取生物特征并转化为设计元素； 3. 结合不同材料和技术创造复合式构成作品； 4. 提高空间想象力和立体造型能力； 5. 培养创新思维和解决问题能力
作业内容	1. 选择自然界生物作为研究对象（动物、植物或微生物）； 2. 观察并记录生物的形态特征、结构和功能； 3. 分析特征的环境适应性及设计应用潜力； 4. 提取至少三个关键特征转化为设计元素，构思立体作品； 5. 选择至少两种材料（如木材、金属、塑料、纸张等）实现设计； 6. 使用复合式构成方法结合材料和技术，创造立体作品； 7. 拍摄至少三张照片展示作品不同角度和细节； 8. 撰写报告说明设计灵感、过程、材料选择和效果
提交要求	1. 立体构成作品应完整、稳定、清晰展示设计意图； 2. 照片应清晰、专业，准确反映作品形态和细节； 3. 报告应详细、条理清晰，反映设计思考和创作过程； 4. 所有作品和报告应注明姓名、学号和提交日期
评分标准	1. 设计创意和原创性（30%）； 2. 生物特征提取和转化能力（20%）； 3. 材料和技术应用能力（20%）； 4. 立体构成完成度和质量（20%）； 5. 报告完整性和表达能力（10%）

三、作业展示

"自然灵感下的复合式构成设计"作业展示图如图 6-4 所示。

图 6-4　"自然灵感下的复合式构成设计"作业展示图

续图 6-4

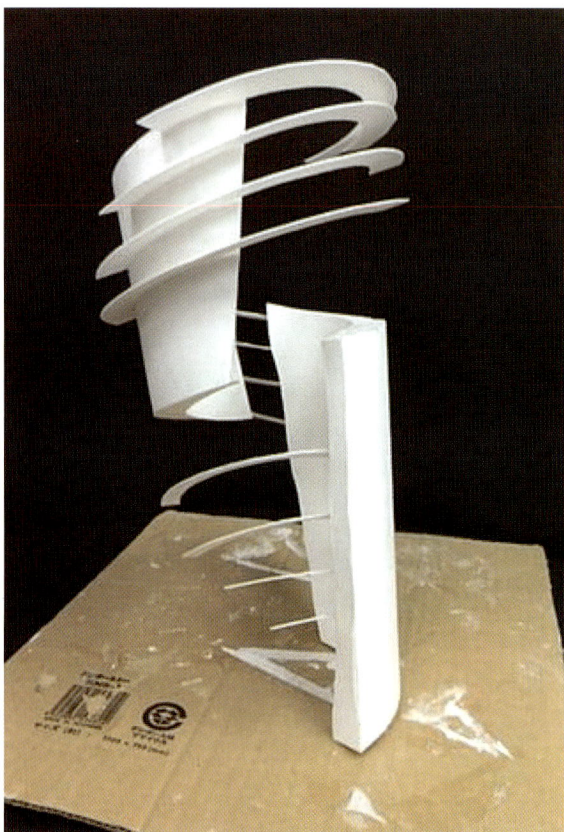

续图 6-4

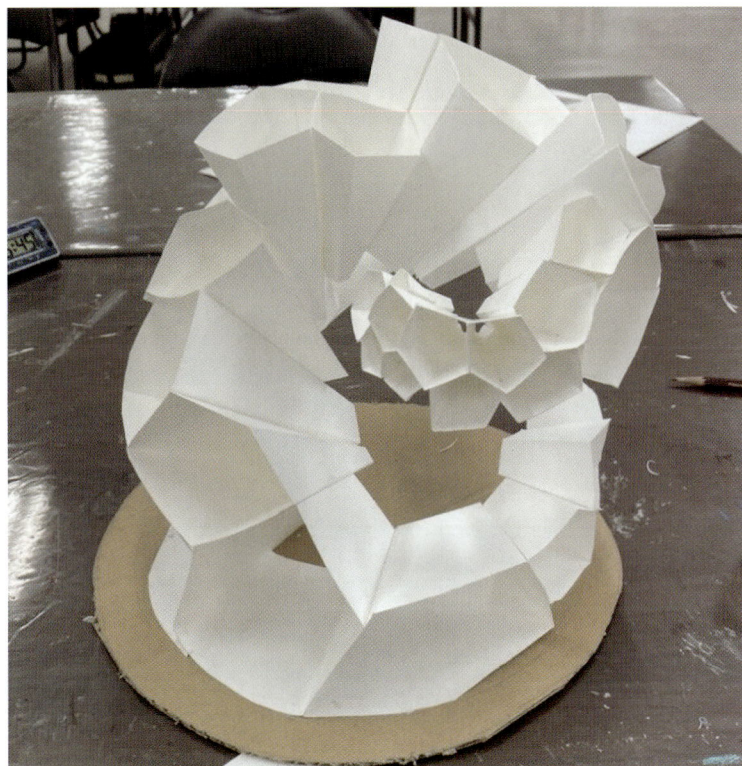

续图 6-4

续图 6-4

参考文献
References

［1］姜芹,吕荣丰.立体构成［M］.重庆:重庆大学出版社，2022.

［2］张金凤,何思敏,陆志国.立体构成［M］.石家庄:河北美术出版社，2021.

［3］汪顺锋.立体构成［M］.重庆:重庆大学出版社，2020.

［4］姚刚,张晓菊.立体构成［M］.西安:西北大学出版社，2019.

［5］梁富新,姜蓓美,张雪玲,等.立体构成［M］.北京:中国青年出版社，2015.